DIREITO E SOCIEDADE
VOLUME 4

MARCELO NEVES COMO INTÉRPRETE DA SOCIEDADE GLOBAL

João Paulo Allain Teixeira
Leonam Liziero
(organizadores)

EDITORA MERAKI

ISBN: 978-65-991584-2-1
Acompanhamento editorial Leonam Liziero
Diagramação Mateus Souza
Capa Leonam Liziero

Editora Meraki
Conselho Editorial
Alexandre Walmott Borges (UFU)
Alessandra Silveira (UMinho)
Ari Marcelo Solon (USP)
Dawid Bunikowski (UEF)
Diva Julia Safe Coelho (PNPD-CAPES/UFU)
Felipe Magalhães Bambirra (UniALFA)
Gonçal Mayos (UB)
José Carlos Remotti (UAB)
Osvaldo Alves de Castro Filho (UFMS)
Saulo Pinto Coelho (UFG)

T266   Teixeira, João Paulo Allain et al.
         Direito e Sociedade – Volume 4: Marcelo Neves como intérprete
da sociedade global/ João Paulo Allain Teixeira, Leonam Liziero (Org.).
Andradina: Meraki, 2020.
         Bibliografia
         ISBN 978-65-991584-2-1
         1. Teoria do Direito 2. Marcelo Neves.
         1. Título
         CDU – 340.13   CDD – 340.1

"Pode-se afirmar que o transconstitucionalismo implica o reconhecimento dos limites de observação de uma determinada ordem, que admite a alternativa: *o ponto cego, o outro pode ver*".

MARCELO NEVES

SUMÁRIO

Autores

HELOÍSA FERNANDA SILVA SANTOS
Doutoranda em Direito pela UFPB; Mestra em Direitos Humanos pela UFPE, com pesquisa voltada ao Protagonismo Juvenil e os Direitos das Crianças e dos Adolescentes; Graduada em Direito pela Autarquia de Ensino Superior de Garanhuns/ Faculdade de Direito de Garanhuns - AESGA/FDG (2009). Coordenadora do Curso de Direito da Uninassau Garanhuns (2019/Atual), Unidade Garanhuns.

JOÃO BEZERRA FILHO
Mestre em Direito pelo Centro Universitário de João Pessoa – Unipê. Mestrando em Direito Econômico pela Universidade Federal da Paraíba – UFPB. E-mail: joaobezfilho@hotmail.com

LEONAM LIZIERO
Doutor em Teoria e Filosofia do Direito pela UERJ, com Pós-Doutorado em Direito pela UFRJ. Professor e Advogado. E-mail: leonamliziero@gmail.com

LUCIANO NASCIMENTO DA SILVA
Pós-Doutor em Sociologia e Teoria do Direito no Centro di Studi sul Rischio dalla Facoltà di Giurisprudenza dell'Università del Salento - CSR-FG-UNISALENTO (2013-2015); Doutor em Ciências Jurídico-Criminais pela Faculdade de Direito da Universidade de Coimbra (FDUC (2003-2007); Mestre em Direito Penal pela Faculdade de Direito do Largo São Francisco da Universidade de São Paulo - USP (2001-2003)

LUIS CLAUDIO MARTINS DE ARAÚJO
Pós-Doutor em Direito (Academic Visitor) pela University of Oxford (Oxford). Pós-Doutor em Direito pela UFRJ. Doutor em Direito pela UERJ, com período sanduíche (Visiting Scholar) na University of Cambridge (Cambridge). Academic Visitor pela University of Oxford (Oxford). Visiting Fellow pelo Lauterpacht Centre for International Law da University of Cambridge (Lauterpacht Centre). Visiting Researcher pela Fordham University School of Law (Fordham). Professor Titular IV da graduação do IBMEC. Professor do Doutorado e Mestrado da UVA. Membro da Advocacia-Geral da União (AGU) de categoria especial, atualmente lotado e em exercício na Procuradoria-Regional da União da 2ª Região. Diretor-Regional substituto e Membro da Comissão Executiva da Escola da Advocacia-Geral da União (EAGU). Membro da Comissão de

Direito Constitucional, da Comissão de Processo Constitucional e da Comissão de Assuntos Legislativos da Ordem dos Advogados do Brasil (OAB).

LUIZA DESCHAMPS
Mestranda em Direito no PPGD-UERJ. Pesquisadora do NIDH-UFRJ. Geógrafa pela UFF. E-mail:luizadeschamps@gmail.com

MARCUS VINÍCIUS XAVIER DE OLIVEIRA
Professor de Direito Internacional e Direitos Humanos do Departamento de Direito da Universidade Federal de Rondônia. Mestre (UFSC) e Doutor (UERJ) em Direito. Líder do Jus Gentium: Grupo de Estudos e Pesquisas em Direito Internacional, UNIR/CNPq. Advogado. Tradutor. E-mail marcusoliveira@unir.br

RAMON NEGÓCIO
Mestre em Direito Constitucional pela PUC-SP, doutor em Direito (Teoria do direito) pela Goethe-Universität Frankfurt am Main e professor na Universidade 7 de Setembro (UNI7) – Fortaleza-CE.

RENAN FARIAS PEREIRA
Doutorando em Direito e Desenvolvimento pelo PPGCJ/UFPB. Mestre em Direito Econômico pelo Programa de Pós-Graduação em Ciências Jurídicas da Universidade Federal da Paraíba. Especialista em Direito Constitucional Aplicado. Graduado em Direito pela Universidade Estadual da Paraíba. E-mail: profrenanfariasp@gmail.com

SIDDHARTA LEGALE
Professor adjunto de Direito Constitucional da FND-UFRJ. Coordenador do NIDH-UFRJ. Doutor em Direito Internacional pela UERJ. Mestre em Direito Constitucional e Bacharel pela UFF. Advogado. E-mail: siddhartalegale@hotmail.com

WÁLBER ARAUJO CARNEIRO
Pós-Doutor pelas Universidades de Brasília – UNB, J. Goethe de Frankfurt e UNISINOS. Doutor em Direito pela UNISINOS em sanduíche com a Universidade de Coimbra. Mestre em Direito Público pela Universidade Federal da Bahia – UFBA. Professor Associado da Universidade Federal da Bahia – UFBA no Departamento de Estudos Jurídicos Fundamentais. Líder do Grupo de Pesquisa Direito, sentido e complexidade social – DSComplex, vinculado ao Programa de Pós-Graduação em Direito da UFBA e integrante das Redes de Pesquisa Estado e Constituição – REPEC e *Law & Social Systems* - LSD. Coordenador do Observatório de Análise Ecológica do Direito – OBAEDi.

Uma apresentação: breves linhas sobre o percurso de Marcelo Neves e sua contribuição para o pensamento jurídico contemporâneo

Marcelo da Costa Pinto Neves, pernambucano do Recife, é formado pela tradicional Faculdade de Direito do Recife (FDR/UFPE) onde também realizou o Mestrado em direito. Sob a orientação de Lourival Vilanova, concluiu o trabalho que resultou na sua "Teoria da Inconstitucionalidade das Leis" (1988). Ainda nos anos 80, através do sociólogo Cláudio Souto, conhece Niklas Luhmann e sua teoria social. Este encontro viria a ser decisivo na reflexão teórica de Neves daí por diante. O Doutorado na Alemanha resultou na publicação do *"Verfassung und Positivität des Rechts in der peripheren Moderne: Eine theoretische Betrachtung und eine Interpretation des Falls Brasilien"* (1992)[1].

A vasta e consistente obra de Marcelo Neves é um poderoso convite à reflexão sobre o direito na sociedade periférica, contemplando títulos significativamente conhecidos do meio acadêmico nacional e estrangeiro. São de sua lavra "A Constitucionalização Simbólica" (1994)[2], "Entre Têmis e Leviatã: uma relação difícil – O Estado Democrático de Direito a partir e além de Habermas e Luhmann" (2006)[3], "Transconstitucionalismo" (2009)[4] e "Entre Hidra e Hércules: princípios e regras como diferença paradoxal do sistema jurídico" (2013).

A produção bibliográfica é acompanhada de perto pela crescente interlocução internacional adquirida em vários períodos como

---

[1] O livro foi publicado em língua portuguesa com o título "Constituição e Direito na Modernidade Periférica: uma abordagem teórica e uma interpretação do caso brasileiro" (2018). A versão brasileira foi publicada com o posfácio "Consticionalismo periférico 26 anos depois", um balanço crítico da publicação original em alemão e uma proposta de diálogo com os seus intérpretes.

[2] Publicado na Alemanha sob o título *"Symbolische Konstitutionalisierung"* (1998)

[3] Também publicado na Alemanha sob o título *"Zwischen Themis und Leviathan: Eine Schwierige Beziehung? Eine Rekonstruktion des demokratischen Rechtsstaats in Auseinandersetzung mit Luhmann und Habermas"* (2000)

[4] Também publicado em língua inglesa como *"Transcontitutionalism"* (2013)

professor visitante em universidades estrangeiras. Foi Visiting Fellow do Instituto de Federalismo da Universidade de Fribourg, Suíça (1998-2000), Bolsista-pesquisador da Fundação Alexander von Humboldt no Departamento de Ciências Sociais da Universidade de Frankfurt, Alemanha (2000) e Jean Monet Fellow no Departamento do Instituto Universitário Europeu, Florença, Itália (2001-2002). Professor visitante na Faculdade de Direito da Universidade de Flensburg, Alemanha (2002-2003), Visiting Senior Research Fellow da Fundação de Pesquisa Adam Smith da Universidade de Glasgow, Escócia (2014) e Senior Research Scholar na Escola de Direito da Universidade de Yale (2014-2016).

No Brasil, foi professor titular da Faculdade de Direito do Recife da UFPE, professor da PUC-SP, professor da FGV-SP e professor da Faculdade de Direito da USP. Foi também Procurador do Município do Recife, consultor jurídico e Conselheiro do CNJ. Atualmente é professor titular da Faculdade de Direito da UnB.

Apresentar uma obra em homenagem a Marcelo Neves é pessoalmente uma grande satisfação oferecendo uma oportunidade de revisitar o início da minha formação acadêmica. Durante a graduação na FDR (1990-1995), integrei o grupo de pesquisa de Marcelo Neves no período em que a "Constitucionalização Simbólica" estava sendo construída. O convívio semanal, os vários debates sobre direito e sociedade, a exploração das sutilezas da teoria luhmanniana dos sistemas e a compreensão da realidade brasileira a partir de Neves contribuíram decisivamente para a minha percepção dos limites e potencialidades da juridicidade no contexto das intensas assimetrias sociais que caracterizam a realidade brasileira. Para os leitores, Neves chama a atenção para a permanência de um esforço teórico voltado à crítica e à re-interpretação dos modelos explicativos formulados na "modernidade central".

A coleção "Marcelo Neves como Intérprete do Direito e da Sociedade" que agora apresentamos é editada em quatro volumes e reúne contribuições de pesquisadores bastante próximos de Marcelo Neves e de sua obra. Aqui encontraremos importantes contribuições para a reconstrução do percurso de Neves e a compreensão da dimensão dos impactos da sua produção para o pensamento jurídico e social contemporâneos.

Agradeço a Leonam Liziero pela parceria e pela oportunidade de envolver tanta gente boa em torno do projeto. Sem o seu esforço e empenho não teríamos conseguido viabilizar a publicação. Agradeço também a todos os parceiros, autores e co-autores que se dedicaram ao pensamento de Neves. Por fim, agradeço ao próprio Marcelo Neves pela rica produção e pela vida dedicada à academia em uma já imensa contribuição para as gerações futuras.

A todos, uma boa leitura.

João Paulo Allain Teixeira

Recife, maio de 2020

Parte I

Transconstitucionalismo: um novo paradigma teórico para uma sociedade global

O transconstitucionalismo como metodologia de Direito Público para a interação entre as ordens jurídicas: um contributo de Marcelo Neves

LEONAM LIZIERO
JOÃO BEZERRA FILHO

> "Porque vocês não sabem do lixo ocidental
> Não precisam mais temer
> Não precisam da timidez
> Todo dia é dia de viver"
> (*Para Lennon e McCartney* - Lô Borges/Márcio Borges/Fernando Brant)

Transconstitucionalismo e pluralidade

Em conformidade com o pensamento de Marcelo Neves, o transconstitucionalismo é um fenômeno que perpassa os diversos tipos de ordens jurídicas, não se limitando a tipos de constitucionalismos em específico. Do mesmo modo, as instituições interessadas na solução dos problemas jurídico-constitucionais envolvidos são de diferentes matizes. A fim de conferir um norte metodológico, analisar-se-á neste trabalho o objeto de estudo a partir de três perspectivas, quais sejam: 1) o transconstitucionalismo entre ordens jurídicas como uma relação de alteridade; 2) análise do transconstitucionalismo como uma compreensão possível da conexão entre duas ordens jurídicas a partir do que Neves denomina por Constituição transversal; e 3) a superação do provincianismo estatalista na compreensão da relação do Direito Internacional com os Direitos Nacionais. Levar-se-á em conta, também, que o transconstitucionalismo apresenta-se como uma exigência funcional e pretensão normativa da sociedade mundial hodierna[1].

---

[1] NEVES, Marcelo. Transconstitucionalismo: breves considerações com especial referência à experiência latino-americana. In: CORREIA, Fernando Alves; MACHADO, Jonatas E. M.; LOUREIRO, João Carlos (orgs.). *Estudos em homenagem ao prof. Doutor José Joaquim Gomes Canotilho*. v. III. Coimbra: Coimbra Editora, p. 615-616, 2012.

Partindo-se do estudo da primeira perspectiva destacada, com ênfase na diversidade do transconstitucionalismo entre ordens jurídicas, Marcelo Neves a segmenta, ainda, da seguinte maneira: 1a) transconstitucionalismo entre Direito Internacional Público e Direito Estatal; 1b) transconstitucionalismo entre Direito Supranacional e Direito Estatal; 1c) transconstitucionalismo entre ordens jurídicas estatais; 1d) transconstitucionalismo entre ordens jurídicas estatais e transnacionais; e 1e) transconstitucionalismo entre ordens jurídicas estatais e ordens locais extra-estatais.

No que diz respeito ao ponto 1a, que versa sobre o transconstitucionalismo entre Direito Internacional Público e Direito Estatal, Marcelo Neves evidencia que tal hipótese ocorre em situações nas quais se invoca a participação de mais de um tribunal para a solução do caso. Neves faz a ressalva, contudo, que não existirão necessariamente normas de solução de conflitos de competência ou, em havendo essas, sem que haja confluência em torno delas por parte dos tribunais envolvidos.

Do prisma da ordem estatal, observa-se um crescimento considerável do envolvimento dos tribunais constitucionais nessas questões, notadamente as que dizem respeito a controvérsias relativas a direitos humanos, direitos fundamentais e limitação e controle do poder, que extrapolam o âmbito de validade específico da ordem interna. No panorama da ordem internacional, isso implica a incorporação das questões constitucionais no espectro de competência de seus tribunais. Neste sentido, estes passam a suscitar a pretensão de decidir com natureza vinculatória imediata para agentes e cidadãos dos Estados[2].

Na América Latina, o exemplo da relação entre o Sistema Interamericano de Direitos Humanos - fundado pela Convenção Americana sobre Direitos Humanos (CADH) - e as ordens constitucionais dos respectivos Estados signatários é marcante nessa espécie de transconstitucionalismo. Neste contexto, ponto interessante sobre o assunto recai sobre a disposição ao diálogo entre as cortes estatais e a Corte Interamericana de Direitos Humanos (CIDH), envolvendo questões constitucionais comuns à proteção

---

[2]NEVES, Marcelo. Transconstitucionalismo: breves considerações com especial referência à experiência latino-americana. In: CORREIA, Fernando Alves; MACHADO, Jonatas E. M.; LOUREIRO, João Carlos (orgs.). *Estudos em homenagem ao prof. Doutor José Joaquim Gomes Canotilho*. v. III. Coimbra: Coimbra Editora, p. 616, 2012.

dos direitos humanos, de tal sorte que ocorre uma ampliação da aplicação do direito convencional pelos tribunais dos Estados.

O principal esforço nas discussões envolvendo as partes mencionadas se direciona à formação de uma racionalidade transversal[3], que se apresente suportável para ambos os lados. Vale apresentar a passagem em que Marcelo Neves confere um dos conceitos possíveis para a ideia de transconstitucionalismo, ao afirmar que "a disposição para o aprendizado [...], mediante a formação de uma rede transversal construtiva, ou seja, o transconstitucionalismo, é decisiva para o sucesso nessa área de colisão"[4]. Finaliza esta ideia, declarando que internacionalismo e nacionalismo poderão levar a atitudes destrutivas para os direitos humanos ou fundamentais.

O melhor caminho, segundo aponta, seria transpor o tratamento provinciano de problemas constitucionais pelos Estados. Em uma perspectiva do direito pátrio, embora o direito constitucional tenha a sua base originária no Estado, dele se emancipa. Isso não quer dizer que surgiu uma quantidade considerável de novas Constituições, mas que não é possível desconsiderar o fato de que outras ordens jurídicas estão envolvidas na solução dos problemas constitucionais comuns. Vale apontar também que, em muitos casos, prevalecem teses que vão de encontro às orientações das respectivas ordens estatais.

No que se refere a transição da fragmentação jurídica e constitucional ao transconstitucionalismo, importante frisar que Neves, a partir do seu modelo transconstitucional, não compartilha integralmente da ideia de fragmentação do direito. Essa noção ganhou contornos "sistêmicos-teoréticos" notadamente na obra de Teubner e seus discípulos[5].

No que toca ao ponto 1b - transconstitucionalismo entre direito

---

[3]O professor Marcelo Neves parte do conceito de "razão transversal", proposto por Welsch, todavia, confere-o contornos mais estritos ao utilizar a expressão "racionalidade transversal".

[4]NEVES, Marcelo. Transconstitucionalismo: breves considerações com especial referência à experiência latino-americana. In: CORREIA, Fernando Alves; MACHADO, Jonatas E. M.; LOUREIRO, João Carlos (orgs.). *Estudos em homenagem ao prof. Doutor José Joaquim Gomes Canotilho*. v. III. Coimbra: Coimbra Editora, p. 620, 2012.

[5] NEVES, Marcelo. (Não) solucionando problemas constitucionais: transconstitucionalismo além de colisões. *Lua Nova*, v. 93, 2014, p. 208.

supranacional e direito estatal -, alguns aspectos devem ser bem destacados. O primeiro deles diz respeito ao conceito jurídico de supranacionalidade[6] proposto por Neves, que considera, apenas, o caso da União Europeia como hipótese de incidência do transconstitucionalismo entre direito supranacional e direito estatal. Não desconsidera, entretanto, o desenvolvimento de características da supranacionalidade tanto na esfera da Comunidade Andina quanto na Corte Centro-Americana de Justiça.

Já o ponto 1c, que versa sobre o transconstitucionalismo entre ordens jurídicas estatais, apresenta um proeminente avanço. Isso tem ocorrido, principalmente, entre as cortes de diversos Estados como uma espécie de "conversação transconstitucional mediante referências recíprocas a decisões de tribunais de outros Estados"[7]. Relativamente ao caso brasileiro, uma crítica constante de Neves recai sobre o fascínio às referências de textos, doutrinas e jurisprudências constitucionais estrangeiras pelo STF. Muitas das vezes descambando para o que ele chama de "bacharelismo"[8], que, deliberadamente, se apresenta nos votos dos ministros daquela corte como prova de erudição, mesmo que sem muita pertinência argumentativa com o caso em julgamento.

O transconstitucionalismo entre ordens jurídicas estatais e transnacionais, elencado no subtópico 1d, apresenta características inovadoras, ao considerar a possibilidade de relacionamento transconstitucional entre as ordens jurídicas estatais e ordens normativas que são constituídas não por Estados ou a partir destes, mas sim por atores ou organizações privados ou quase públicos.

Cabe apontar que, em virtude da diversidade de ordens transnacionais, e em muitos casos, do seu caráter informal, o

---

[6] Diz respeito a "organização fundada em tratado que atribui, para os seus próprios órgãos, competências de natureza legislativa, administrativa e jurisdicional abrangente no âmbito pessoal, material, territorial e temporal de validade, com força vinculante direta para os cidadãos e órgãos dos Estados-membros [...]" (NEVES, Marcelo. Transconstitucionalismo: breves considerações com especial referência à experiência latino-americana. In: CORREIA, Fernando Alves; MACHADO, Jonatas E. M.; LOUREIRO, João Carlos (orgs.). *Estudos em homenagem ao prof. Doutor José Joaquim Gomes Canotilho.* v. III. Coimbra: Coimbra Editora, 2012, p. 621.

[7] Ibid., p. 621.

[8] Refere-se a um distanciamento retórico da pesquisa, que atinge não apenas os bacharéis em Direito, mas também médicos, engenheiros, economistas etc.

envolvimento delas com problemas transconstitucionais se dá, via de regra, simultaneamente com uma pluralidade de ordens de tipos diferentes: estatais, internacionais, supranacionais e locais. Pelo fato de perpassarem diversas espécies de ordens jurídicas, Neves ressalta que as ordens transnacionais no sentido estrito estão intrinsecamente envolvidas de forma mais direta com o transconstitucionalismo em um sistema mundial de níveis múltiplos entrelaçados[9].

Por fim, o ponto 1e, relativo ao transconstitucionalismo entre ordens jurídicas estatais e ordens locais extra-estatais. Trata-se da relação um tanto problemática, cujos pressupostos antropológicos-culturais não se compatibilizam com o modelo de constitucionalismo do Estado. Neves aponta que isso ocorre devido tratar-se de ordens arcaicas que não dispõem de princípios ou regras secundárias de organização e, deste modo, não se enquadram no modelo reflexivo do constitucionalismo. Segundo esclarece, elas inadmitem problemas jurídico-constitucionais de direitos humanos e de limitação jurídica do poder.

Para o autor, ordens normativas dessa espécie exigem, quando entram em colisão com as instituições da ordem jurídica constitucional de um Estado, um "constitucionalismo unilateral" de tolerância e, em certa medida, de aprendizado. Na América-Latina os casos que se enquadram nesse cenário são vastos. A principal questão envolvida, na maior parte das vezes, diz respeito a questões de direitos fundamentais. Cita-se o exemplo da relação ocorrida entre a ordem constitucional brasileira e a ordem normativa dos Índios Suruahá, habitantes do município amazonense de Tapauá.

Segundo esclarece Neves, para o direito consuetudinário dos Suruahá, é obrigatório o homicídio dos recém-nascidos quando tenham alguma deficiência física ou de saúde em geral. Situações como esta geraram polêmicas, visto tratar-se de um conflito praticamente sem solução entre o direito de autonomia cultural e o direito à vida[10].

---

[9] NEVES, Marcelo. Transconstitucionalismo: breves considerações com especial referência à experiência latino-americana. In: CORREIA, Fernando Alves; MACHADO, Jonatas E. M.; LOUREIRO, João Carlos (orgs.). *Estudos em homenagem ao prof. Doutor José Joaquim Gomes Canotilho*. v. III. Coimbra: Coimbra Editora, 2012, p. 624.

[10] "A repercussão pública do costume dos Suruahá levou à proposição por parte do deputado federal Henrique Afonso, representante do Estado do Acre, do

O cenário em questão impõe uma reflexão profunda sobre os limites de uma ordem sobre a outra, ao considerar a colisão entre duas perspectivas diversas de direitos. O *case* aumenta a sua complexidade com a pura observação da diferença entre as forças, podendo ocasionar a imposição da ordem dos mais fortes sobre a dos mais fracos. De um lado, encontra-se a autonomia cultural, do outro, o direito à vida.

A solução proposta por Neves para o caso reside na garantia de uma "jurisdição ou foro étnico", para que cada grupo indígena possa ter a autonomia necessária para resolver seus conflitos, elaborando seu próprio dissenso interno por um caminho próprio. Estar-se-ia diante, portanto, da capacidade de admitir a autonomia do outro. Nesse caso, a postura transconstitucional se revelaria na limitação jurídica do poder abusivo dentro da comunidade.

Portanto, esse dilema aponta para o convívio de ordens jurídicas que partem de experiências histórias diversas, exigindo especialmente por parte do Estado constitucional uma postura de moderação relativamente à sua pretensão de concretizar suas normas específicas. O caminho que leve a conversações construtivas que estimulem autotransformações internas das comunidades indígenas para uma relação menos conflituosa com a ordem estatal parece ser o ideal[11].

Alteridade no Transconstitucionalismo

O transconstitucionalismo é uma proposta metodológica pensada por Marcelo Neves, com fortes influências de Teubner e

---

Projeto de Lei n.º 1.057, de 2007, destinado especificamente à criminalização dessa prática. As hipóteses previstas no Projeto correspondem a práticas verificadas nas comunidades indígenas localizadas no território do Estado brasileiro. Esse Projeto deu ensejo a uma audiência pública na Comissão de Direitos Humanos da Câmara dos Deputados. Embora não tenha logrado êxito até agora, o contexto em que foi elaborado e a discussão que engendrou apontam para um caso singular de diálogo transconstitucional entre ordem jurídica estatal e ordens normativas locais das comunidades indígenas". (NEVES, Marcelo. Transconstitucionalismo: breves considerações com especial referência à experiência latino-americana. In: CORREIA, Fernando Alves; MACHADO, Jonatas E. M.; LOUREIRO, João Carlos (orgs.). *Estudos em homenagem ao prof. Doutor José Joaquim Gomes Canotilho*. v. III. Coimbra: Coimbra Editora, 2012, p. 625-626).
[11] Ibid., p. 628-630.

Luhmann, que defende uma profunda integração entre sistemas jurídicos como um modo para compreender as relações intersistêmicas contemporâneas. A questão principal neste modo de se compreender o Direito é o considerar como um sistema fechado, todavia com alguma abertura para troca de códigos com outros sistemas, em conformidade com as interações de Luhmann[12].

Essa interação intersistêmica é uma continuação da linearidade do pensamento de Neves. *Transconstitucionalismo*, de 2009, é a quarta obra no cânone de suas ideias e dá seguimento à algumas questões levantadas em *Entre Têmis e Leviatã*. As discussões sobre Estado de Direito – e as dificuldades de pensá-lo nos países de modernidade periférica como o Brasil (como uma dimensão distinta da modernidade central[13]), ganham nova dimensão ao se pensar nas relações entre os diversos sistemas jurídicos[14].

O que inicialmente precisa ser levantado aqui, como hipótese deste trabalho: a dicotomia entre Direito Internacional e Direito

---

[12] "The input/output model swallowed for systems to use their output as input. The later development of the theory 'internalized' this feedback loop and declares it to be a necessary condition of its operation." (LUHMANN, Niklas. *Law as a Social System*. Trad. Klaus A. Ziegert. New York: Oxford University Press, 2004, p. 79.).

[13] "A dimensão entre modernidade central e modernidade periférica é analiticamente frutífera, na medida em que, definindo-se a modernidade pela complexidade social e pela dissolução de conteúdos morais imediatamente válidos para todas as esferas da sociedade, pode-se constatar que, em determinadas regiões estatalmente delimitadas (países periféricos), não houve a realização adequada da autonomia sistêmica de acordo com o primado da diferenciação funcional". (NEVES, Marcelo. Os Estados no(s) centro(s) e os Estados na(s) periferia(as): alguns problemas com a concepção de Estados da sociedade mundial em Niklas Luhmann. In: BOLONHA, Carlos; BONIZZATO, Luigi; MAIA, Fabiana. *Teoria Institucional e Constitucionalismo Contemporâneo*. Curitiba: Juruá, 2016, p. 401).

[14] "Considerando que a teoria dos sistemas adota conceitos originários da biologia, como diferenciação, evolução, coevolução, autopoiese, acoplamento estrutural, entre outros, não no sentido de analogia, mas sim de generalização, cabe arguir, com uma certa ironia, que, nesse contexto, a noção de teórico-social ou sociológico-jurídico de fragmentação deveria ser relacionada a suas raízes na concepção biológica de fragmentação como processo reprodutivo. Se entendemos assim, esbarramos em problemas que a teoria social ou jurídica da fragmentação da sociedade ou do direito não teria enfrentado adequadamente". (NEVES, Marcelo. (Não) solucionando problemas constitucionais: transconstitucionalismo além de colisões. *Lua Nova*, v. 93, 2014, p. 209).

Estatal se perfaz como obsoleta frente ao mundo transformado no final do Século XX. O transconstitucionalismo pode ser um modo de se explicar as relações entre os diversos países (e não só entre tais) além da divisão tradicionalmente estabelecida no pensamento jurídico.

Enquanto método de compreensão das relações entre ordens jurídicas, o ponto de partida do transconstitucionalismo é a dupla contingência. Nas interações entre *alter* e *ego*, observa-se uma constante troca de informações[15]; um sistema enquanto *ego* enxerga *alter* com ele interage enquanto se consolida também como *alter* em relação a outro *ego*. Essa dupla contingência, todavia, não é uniforme. A depender das capacidades de absorção de determinado sistema, ou a intensidade de seus fluxos, bem como a expectativa gerada, a interação terá impactos mais fortes ou mais fracos. Ainda assim, a dupla contingência implica necessário reconhecimento: *ego* reconhece *alter* como um *alter ego*. Deste modo, dois sistemas possuem necessária relação de alguma confiança entre eles.

O transconstitucionalismo também rejeita a identidade cega de um sistema. Esta cegueira decorre o isolamento. Estando isoladas as ordens jurídicas, tribunais constitucionais de certos Estados, ao analisarem qualquer demanda, identificam o sistema ao qual pertencem e o priorizam para evitar que haja uma diluição no ambiente.

Para o transconstitucionalismo deve haver uma prontidão de alteridade entre as ordens jurídicas. A ética da alteridade, cuja grande propagação das ideias se deu por Lévinas[16] e, na América Latina, pelos esforços de Dussel[17], pode ser compreendida, nas breves

---

[15] NEVES, Marcelo. *Transconstitucionalismo.* p. 270.

[16] LÉVINAS, Emmanuel. *Entre nós*: Ensaios sobre a alteridade. Tradução de Pergentino Stefano Pivatto et al. Petrópolis: Vozes, 1997, em especial o ensaio A ontologia é fundamental? (p. 21-34)

[17] Como mencionado por Dussel na nona tese de *14 Tesis de Ética*, "La exterioridad de otro: La ética como la meta-física prático crítica", pode-se condensar este pensamento na seguinte passagem: "La ética es exactamente la pasividad abismal por la que el que inevitablemente es en su mundo deja ser al Otro como otro, superando la mismidad del mundo en el que siempre somos centro. La apertura al Otro como otro, más allá de lo Mismo, es el pasaje anadialéctico de la ontología (la totalidad heideggeriana) a un más allá (meta-) del horizonte del mundo (-física). La ética es la meta-física (para Levinas) última instancia de la esencia de la crítica, porque ésta tiene así un punto fuera del sistema desde donde puede poner la totalidad en crisis. Todo otro momento

palavras de Douzinas, como tendo sua essência na obrigação do sujeito de responder ao imperativo proveniente do Outro. Neste sentido, "essa 'essência' baseia-se no caráter não-essencial do Outro que não quer ser transformado na instância de um conceito, na aplicação de uma lei ou na particularização do ego universal"[18]. E continua sobre a essência da alteridade enquanto metafísica para o humanismo: "este é um humanismo da outra pessoa; ao contrário da ênfase ontológica do liberalismo e da natureza abstrata do sujeito (jurídico), ele carrega o mais forte compromisso histórico com as necessidades singulares do Outro concreto"[19].

A alteridade pode ser pensada como uma justificativa racional para uma interação normativa que enfraquece a identificação solipsista de um Estado em face de outros. Assim, "o desenvolvimento de um método do transconstitucionalismo abre a possibilidade de construção de uma racionalidade transversal na relação entre princípios e regras distintas" [20].

Nesse sentido, o transconstitucionalismo aponta para a necessidade da construção de "pontes de transição", do estímulo de "conversações constitucionais" e do fortalecimento de entrelaçamentos constitucionais entre as diversas ordens jurídicas. Nesse cenário, o transconstitucionalismo rompe com o antigo dilema entre monismo/pluralismo, implicando na relação complementar entre identidade e alteridade[21].

---

ontológico u óntico no tiene suficiente distancia para efectuar un juicio práctico negativo sobre la totalidad como totalidad". (DUSSEL, Enrique. *14 tesis de ética: Hacia la esencia del pensamiento crítico*. Madrid: Trotta editorial, 2016, p. 118),

[18] DOUZINAS, Costas. *O Fim dos Direitos Humanos*. Tradução de Luzia Araújo. São Leopoldo: Unisinos, 2009. p. 355.

[19] DOUZINAS, Costas. *O Fim dos Direitos Humanos...,*. p. 357.

[20] NEVES, Marcelo. *Transconstitucionalismo*. p. 275.

[21] "As ordens envolvidas na solução do problema constitucional específico, no plano de sua própria autofundamentação, reconstroem continuamente sua identidade mediante o entrelaçamento transconstitucional com a(s) outra(s): a identidade é rearticulada a partir da alteridade. Daí por que, em vez da busca de uma *Constituição hercúlea*, o transconstitucionalismo aponta para a necessidade de enfretamento dos *problemas-hidra constitucionais* mediante a articulação de observações recíprocas entre as diversas ordens jurídicas da sociedade mundial." (NEVES, Marcelo. (Não) solucionando problemas constitucionais: transconstitucionalismo além de colisões. *Lua Nova*, v. 93, 2014, p. 208.)

Constituição transversal: o ponto de contato

Feitas tais considerações, é imprescindível para compreender esta contemporânea visão de conversação entre ordens, esclarecer o conceito de Constituição transversal, que Neves desenvolve no Capítulo 2 de sua obra *Transconstitucionalismo*. A Constituição transversal, segundo Neves, não deve ser compreendida meramente "como filtro de irritações e influências recíprocas entre sistemas autônomos de comunicação, mas também como instância da relação recíproca e duradoura de aprendizado e intercâmbio de experiências com as racionalidades particulares já processadas, respectivamente, na política e no direito"[22].

Essa concepção, todavia, é resultado de um desenvolvimento anteriormente exposto em *A Constitucionalização Simbólica*. Além dos modos pelos quais a Constituição (no sentido moderno) pode ser compreendida (como limitação do poder arbitrário do Estado, por exemplo), também é possível a pensar "no sentido de que a Constituição na acepção moderna é fator e produto da diferenciação funcional entre direito e política como subsistemas da sociedade"[23]. A Constituição surge, enquanto fator histórico, do que possibilitou a identificação distinta entre direito e política; a partir da emergência e realização do constitucionalismo, pode-se pensar e identificar o direito enquanto direito e a política enquanto política. A Constituição é o que permite o encaixe entre os dois sistemas sem os misturar. Ela os acopla.

Acoplamento estrutural é um conceito na teoria dos sistemas de Luhmann, que se refere ao mecanismo de operação nos sistemas com seu ambiente, mais precisamente que se manifestam em dois sistemas ao mesmo tempo e que permitem a comunicação entre eles,

---

[22] "Pode-se compreender a Constituição do Estado constitucional não apenas como filtro de irritações e influencias recíprocas entre sistemas autônomos de comunicação, mas também como instância da relação recíproca e duradoura de aprendizado e intercâmbio de experiências com as racionalidades particulares já processadas, respectivamente, na política e no direito. Isso envolve entrelaçamentos como 'pontes de transição' entre ambos os sistemas, de tal maneira que pode desenvolver-se uma racionalidade transversal específica." (Ibidem, p. 275.).

[23] NEVES, Marcelo. *A Constitucionalização Simbólica*. 3 ed. São Paulo: WMF Martins Fontes, 2011, p. 65.

de forma a permitir o equilíbrio sistêmico[24]. Assim, o direito, de acordo com Luhmann, em conceito condizente com sua teoria dos sistemas, é definido "como estrutura de um sistema social que se baseia na generalização congruente de expectativas comportamentais normativas"[25]. A Constituição no pensamento de Luhmann é o acoplamento estrutural entre Direito e Política[26].

Desse modo, é possível estabelecer a compreensão de um entrelaçamento entre direito e política, em ambos os sistemas. Com evidente influência da teoria dos sistemas de Luhmann, a Constituição também dentro da perspectiva de Marcelo Neves é caracterizada como acoplamento estrutural entre os sistemas político e jurídico, que permite a diferenciação da política e do direito, entre o sistema jurídico e o político de um Estado. Nesta perspectiva, "a autonomia operacional de ambos sistemas é condição e resultado da existência desse 'acoplamento estrutural'"[27].

A Constituição funciona como mecanismo de diferenciação da política e do direito de modo a se impedir que tais sistemas se corrompam, especialmente o jurídico, que é suscetível de contaminação por interesses políticos. Nesta perspectiva

---

[24] De acordo com Luhmann, "coupling mechanisms are called structural couplings if a system presupposes certain features of its environment on an ongoing basis and relies on them structurally—for example, the fact that moneyis accepted, or that it could be anticipated, that people can find out what time it is. Hence structural couplingis a form, too, and a two-sided format that, and that means it is a distinction. What it includes (couples with) is as important as what it excludes. According ly the forms of a structural coupling reduceand so facilitate influences of the environment on the system" (LUHMANN, Niklas. *Law as a Social System...*, p. 382.).

[25] LUHMANN, Niklas. *Sociologia do Direito II*. Tradução de Gustavo Bayer. Rio de Janeiro: Edições Tempo Brasileiro, 1983, p. 122.

[26] "Somente em fins do século XVIII — na periferia da Europa e nos Estados norte-americanos — vai se inventar a forma que passará a garantir, de maneira inteiramente nova, um acoplamento estrutural entre os sistemas jurídico e político, ou seja, o que desde então se conhece como Constituição. As Constituições são conquistas reais (em contraste com meros textos), por um lado, ao restringir as influências recíprocas entre direito e política aos canais proporcionados pela constituição de um Estado e, por outro lado, nas crescentes possibilidades no contexto desses acoplamentos". (LUHMANN, Niklas. *O Direito na Sociedade*. Tradução de Saulo Krieger. São Paulo: Martins Fontes, 2016, p. 372)

[27] NEVES, Marcelo. *A Constitucionalização Simbólica...*, p. 66.

luhmanniana, "o problema do acoplamento estrutural pode ser restrito à relação entre a política e o direito - os dois sistemas funcionam como uma unidade, que convergem em seu topo, ou acoplam-se, com a instituição especial da Constituição" [28]. A Constituição de um Estado fecha seu sistema jurídico e, enquanto no plano político, permite a legitimação que, no caso do constitucionalismo moderno, se pauta na soberania popular [29].

A Constituição, em adição à sua função de acoplamento estrutural do sistema jurídico e político – enquanto norma que permite a identificação e separação destes sistemas –, possui a função de transversalidade, ou seja, opera como instância reflexiva, como uma ponte de transição entre as experiências e a singularidade sistêmica. Além disso, possui uma função estabilizadora, uma vez que a velocidade das mudanças nos dois sistemas é diferente: a Política reage às mudanças mais rapidamente; por sua vez, o Direito é mais lento e as mudanças dependem de seus procedimentos e de fundamentação[30]. A Constituição, deste modo, legitima o sistema político sob o ponto de vista do sistema jurídico e legitima o sistema jurídico na ótica do sistema político[31]. Uma vez que sintetiza o político e o jurídico, a Constituição permite uma racionalidade transversal entre estes dois sistemas.

Não só. Outra função da Constituição, em conformidade com o conceito de positividade de Luhmann[32], é a diferenciação interna.

---

[28] LUHMANN, Niklas. *Law as a Social System*...p. 263. Do original em inglês: "the problem of structural coupling can be restricted to the relationship between politics and law—either by taking these functioning systems as a unit, which converges at the top, or by coupling them with the special institution of the constitution"

[29] "A Constituição, por um lado, torna-se o código-diferença 'lícito/ilícito' relevante para o sistema político; isso implica que as exigências do Estado de direito e dos direitos fundamentais passam a constituir contornos estruturais da reprodução dos processos políticos de busca pelo poder e de tomada de decisões coletivamente vinculantes, inclusive na medida em que decisões majoritárias democraticamente deliberadas podem ser declaradas inconstitucionais. Por outro lado, torna o código-diferença 'poder/não-poder' ou em termos contemporâneos, 'governo/oposição' relevante para o sistema jurídico". (NEVES, Marcelo. *Transconstitucionalismo*..,. 57-58).

[30] LUHMANN, Niklas. *Law as a Social System*..., p. 371.

[31] LUHMANN, Niklas. *Sociologia do Direito II*..., p. 61-70.

[32] "O conceito de positividade do direito é usual na filosofia do direito e na ciência jurídica. Nesse âmbito ele designa, em termos genéricos, o caráter

Uma vez que a Constituição cumpre o papel de fechamento na estruturação, ela também regula a produção interna do direito. A distinção entre lei e Constituição, portanto, é também uma consequência da própria existência da autonomia do Direito frente aos outros sistemas: "a Constituição como normatização de processos de produção normativa é imprescindível à positividade como autodeterminação operativa do direito"[33].

A Constituição também é caracterizada pelo princípio da "não-identificação"[34]. Esta, inclusive, é uma qualidade imprescindível para compreender sua função autonomizante do sistema jurídico. A não-identificação permite que a Constituição bloqueie o sistema jurídico de expectativas abrangentes provenientes de outros sistemas.

Segundo Neves, "a Constituição transversal não se restringe a uma conexão estrutural no nível da observação de primeira ordem entre os sistemas. Ela pressupõe que a política e o direito se vinculem construtivamente no plano reflexivo"[35]. Esta concepção de Constituição é essencial para compreender sua proposta teórica, ao

---

estatuído do direito". (LUHMANN, Niklas. *Sociologia do Direito I*. Tradução de Gustavo Bayer. Rio de Janeiro: Edições Tempo Brasileiro, 1983, p. 7). Em outra obra, Luhmann destaca: "O conceito de positividade supõe uma elucidação pelo conceito de decisão. O direito positivo tem valor de decisão. Isso dá margem à crítica a seu "decisionismo", no sentido de uma possibilidade de decisão voluntária, que dependa apenas de sua força de imposição. (LUHMANN, Niklas. *O Direito na Sociedade*. Tradução de Saulo Krieger. São Paulo: Martins Fontes, 2016, p. 32)

[33] NEVES, Marcelo. *A Constitucionalização Simbólica...*, p. 66.

[34] "Uma análise um pouco mais rigorosa logo nos mostra que essa aparente contradição entre não identidade e remissão a valores não se deixa resolver. A não identidade apresenta-se com outros nomes, como pluralismo. Isso significa, antes de tudo, que a constituição aceita diferentes concepções de mundo no terreno da política e, na condição de texto exclusivo do direito, não se inclina por nenhuma delas. Ademais, encontra-se no texto da Constituição uma pluralidade de diferentes valores e nenhuma regra consistente para dirimir seus conflitos. [...] Desse modo, ela indiretamente confirma (e,na prática, inevitavelmente o faz) que o direito, em tudo o que profere, remete-se a si mesmo, e que todas as referências a valores, seja valores habitualmente em vigor na sociedade, seja valores "mais elevados", só têm serventia para formar um campo de decisão. Elas partem do direito e ao direito retornam." (LUHMANN, Niklas. *O Direito na Sociedade*. Tradução de Saulo Krieger. São Paulo: Martins Fontes, 2016, p. 77-78).

[35] NEVES, Marcelo. *Transconstitucionalismo...*, p. 63.

estabelecer o transconstitucionalismo como uma metodologia.

Inclusão e alteridade para o transconstitucionalismo possível

Essa visão transversal da Constituição se adequa muito bem às reflexões acerca da soberania no Estado contemporâneo, de modo ainda mais factível hodiernamente do que o Monismo com primazia do Direito Internacional[36]. A soberania, no início da modernidade, é uma concepção política que obstaculizava tanto a autonomia do Direito Interno quanto do Direito Internacional (ainda em sua mais primitiva forma dentro do paradigma vitoriano/vestfaliano). E em coerência com o pensamento de Luhmann, do qual Neves é adepto, o Direito enquanto sistema, adquiriu gradativa complexidade em suas estruturas e funções (ou seja, adquire a diferenciação funcional) para a redução de mais expectativas na sociedade complexa da modernidade, o que a diferencia em relação às sociedades mais arcaicas e antigas[37].

No constitucionalismo moderno, nota-se evidente fragmentação da soberania (em seu âmbito interno) para adequação à emergência da noção de Estado de Direito, como norte axiológico das atividades políticas. Com a Constituição moderna normativa, a lei passa a ser o produto da vontade de uma soberania formalizada no direito, o que diferencia a relação sistêmica entre política e direito de outrora, na qual o antagonismo entre a lei e a vontade soberana era solucionado pela supremacia do sistema político.

No mundo contemporâneo, o âmbito externo da soberania também sofre determinada mitigação, como no plano interno. Se no

---

[36] "O transconstitucionalismo, como modelo de entrelaçamento que serve à racionalidade transversal entre ordens jurídicas diversas, abre-se a uma pluralidade de perspectivas para a solução de problemas constitucionais, melhor adequando-se às relações entre ordens jurídicas do sistema jurídico heterárquico da sociedade mundial." (Ibidem, p. 131.).

[37] LUHMANN, Niklas. *Sociologia do Direito II...*, p. 71. Também, de acordo com a leitura de Guilherme Leite Gonçalves, "como a diferenciação funcional eliminou o centro transcendental de certeza que determinava as possiblidades sociais, o sistema jurídico se vê responsável pela sua própria normatividade. Não existe mais controle externo sobre a variabilidade, mas apenas decisões internas". (GONÇALVES, Guilherme Leite. *Direito entre a certeza e incerteza:* Horizontes críticos para a teoria dos sistemas. São Paulo: Saraiva, 2013, p. 150-151).

plano interno, o constitucionalismo provoca a atenuação do poderio político (e, em certa medida, pode-se afirmar um deslocamento semântico do termo soberania para a Constituição), no campo externo observa-se, a partir da segunda metade do Século XX, uma superação do provincianismo estatalista em prol de uma concepção antissolipsista[38]. A comunicação entre Direito Interno e Direito Internacional ganha nova amplitude na intensidade de fluxos: "assim como há um alcance internacional das normas constitucionais do Estado, há um alcance constitucionais das normas internacionais".[39]

Em uma compreensão das relações entre o Direito Internacional com as ordens jurídicas nacionais, a partir do transconstitucionalismo, ambas as ordens funcionam transversalmente. O que é determinante em cada situação não é a origem da produção normativa (estatal ou internacional), mas sim a matéria, em especial às que versam sobre limitações ao arbítrio político e proteção de direitos e garantias fundamentais[40].

A proteção desses direitos, de acordo com Neves, é a pedra angular da transversalidade para a conversação entre as diversas ordens jurídicas. Neste sentido é "precisar que os problemas constitucionais surgem em diversas ordens jurídicas, exigindo soluções fundadas no entrelaçamento entre elas".[41] Para o desenvolvimento do transconstitucionalismo, portanto, é essencial que "nas respectivas ordens envolvidas, estejam presentes princípios e regras de organização que levem a sério os problemas básicos do constitucionalismo[42]".

---

[38] "Não só o provincianismo estatalista deve ser aqui rejeitado; igualmente é prejudicial a um modelo racionalmente adequado de solução de conflitos o pseudouniversalismo internacionalista, que, antes, constitui uma outra forma de visão provinciana dos problemas constitucionais." (NEVES, Marcelo. *Transconstitucionalismo...,*, p. 135.).

[39] NEVES, Marcelo. *Transconstitucionalismo...,* p. 135

[40] "O transconstitucionalismo tende ao envolvimento de mais de duas ordens jurídicas, sejam elas da mesma espécie ou de diversos tipos. Essas situações complexas apontam para um sistema jurídicos mundial de níveis múltiplos, no qual ocorre um transconstitucionalismo pluridimensional, que resulta da relevância simultânea de um mesmo problema jurídico-constitucional para uma diversidade de ordens jurídicas" (NEVES, Marcelo. *Transconstitucionalismo...,* p.235).

[41] NEVES, Marcelo. *Transconstitucionalismo...,* p. 121.

[42] NEVES, Marcelo. *Transconstitucionalismo...,* p.129.

O transconstitucionalismo requer uma compreensão que não maximize um sistema em detrimento a outro (o que recobra a ética da alteridade anteriormente aqui apresentada em suas ideias); não deve haver uma ordem mais importante que exorte informações a outros sistemas jurídicos. Neves explica neste contexto que "o método do transconstitucionalismo não pode ter como ponto de partida uma determinada ordem jurídica, muito menos as ordens dos mais poderosos, mas sim os problemas constitucionais que se apresentam enredando diversas ordens" [43]. Por versar sobre uma vinculação material de problemas constitucionais entre as ordens, na função de um vértice resolutivo, esta tese de Neves apresenta uma nova possiblidade de se pensar as tensões entre o Direito Internacional e as ordens jurídicas nacionais, mais adequada a uma interpretação da globalização[44] e que supera as pretéritas teorias que explicavam as relações entre tais sistemas.

Veja-se o papel dos direitos humanos, como uma questão do transconstitucionalismo[45], para uma superação da concepção estatalista. Ao explanar a diferença teórica entre eles e os direitos fundamentais, Neves propõe, numa perspectiva do transconstitucionalismo, "que os direitos humanos sejam definidos primariamente como expectativas normativas de inclusão de toda e qualquer pessoa na sociedade (mundial) e, portanto, de acesso universal ao direito enquanto subsistema social"[46]. A diferença destes em relação aos direitos fundamentais não está no conteúdo. Ambos tratam da inclusão das pessoas e da diferenciação da sociedade. Reside a diferença no âmbito de validade: enquanto os direitos fundamentais valem para determinada ordem constitucional, os direitos humanos "pretendem valer para o sistema jurídico mundial de níveis múltiplos, ou seja, para qualquer ordem jurídica existente na sociedade mundial (não apenas para a ordem jurídica

---

[43] NEVES, Marcelo. *Transconstitucionalismo...*, p. 275

[44] "No caso do transconstitucionalismo, as ordens se inte-relacionam no plano reflexivo de suas estruturas normativas que são autovinculantes e dispõem de primazia. Trata-se de uma 'conversação constitucional', que é incompatível com um 'constitucional diktat' de uma ordem em relação a outra. Ou seja, não cabe falar de uma estrutura hierárquica entre ordens: a incorporação reciproca de conteúdos implica uma releitura de sentido à luz da ordem receptora". (NEVES, Marcelo. *Transconstitucionalismo...*, p. 119.).

[45] NEVES, Marcelo. *Transconstitucionalismo...*, p. 256.

[46] NEVES, Marcelo. *Transconstitucionalismo...*, p. 252.

internacional)"[47].

Ao compreender os direitos humanos na fronteira do sistema jurídico, Neves retoma a discussão acerca da inclusão como característica essencial para o funcionamento satisfatório entre os sistemas jurídico e político, conforme delineado em obras anteriores, em especial *Constituição e Direito na Modernidade Periférica*[48], a qual Neves encerra reconhecendo que no Brasil somente seria possível a legitimação do direito mediante a afirmação do princípio da inclusão (*Prinzips der Inklusion*), "de modo que o direito constitucional ocupasse um espaço importante no agir e no vivenciar cotidianos de toda a população e a orientação das expectativas normativas pelo direito positivo se tornasse a rotina da vida jurídica"[49]. Isso fica evidente, quando Neves, ao atualizar sua obra 26 anos depois no Posfácio da edição brasileira, retoma essa discussão acerca de uma interpretação do fenômeno globalizante e a exponencia para a sociedade mundial ao salientar o funcionamento da diferenciação funcional nos países de modernidade periférica em relação aos países dominantes da modernidade central[50].

Esse ponto se relaciona com a metodologia do transconstitucionalismo: como não deve haver ponto de partida a partir de um sistema específico, em especial de países mais poderosos (de modernidade central), pela alteridade presente no transconstitucionalismo, há a clara rejeição a modelos hierárquicos das relações entre diversas ordens e busca pela construção de pontes entre as ordens para construção de soluções para problemas comuns, "mediante a articulação pluridimensional de seus princípios e regras"[51]. Neves, deste modo, vislumbra a afirmação de um modelo transdemocrático entre as diversas nações, com uma concepção ecológica da democracia, de modo a "evitar uma catástrofe global

---

[47] NEVES, Marcelo. *Transconstitucionalismo...*, p. 253.

[48] Conferir também a edição original em NEVES, Marcelo. *Verfassung und Positivität des Rechts in der peripheren Moderne*: Eine theoretischer Betrachtung und eine Interpretation des Falls Brasilien. Berlin: Duncker &Humblot, 1992.

[49] NEVES, Marcelo. *Constituição e Direito na Modernidade Periférica*: Uma abordagem teórica e uma interpretação do caso brasileiro. Tradução de Antônio Luz Costa. São Paulo: Martins Fontes, 2018, p. 313

[50] NEVES, Marcelo. *Constituição e Direito na Modernidade Periférica...*, p. 398-400.

[51] NEVES, Marcelo. *Transconstitucionalismo...*, p. 277.

irremediável"[52].

Contudo, há que se fazer uma ressalva ao modelo metodológico de solução de conflitos transnacionais proposto por Neves. O próprio autor já reconheceu que o transconstitucionalismo tem seus limites, vez que o diálogo não representa necessariamente um consenso, mas sim a capacidade de modificar alguma postura à luz dos argumentos do Outro[53]. Trata-se da permissão consciente de deixar-se influenciar por modelos diferentes. Esse tipo de diálogo ainda pode ser considerado fraco, ante a inexistência de uma estrutura mais bem definida do modelo transconstitucional. A tese transconstitucional é uma experiência que, inegavelmente, existe. Todavia, as soluções ainda são limitadas. Isso se dá, como o próprio Neves aponta, devido as assimetrias de poder entre as partes envolvidas, boicotando ou enfraquecendo o transconstitucionalismo.

Apenas dois anos depois a escrita do Posfácio de *Constituição e Direito na Modernidade Periférica*, a sociedade mundial no ano de 2020 se vê assolada pela pandemia da Covid-19, gerada pelo vírus SARS-CoV-2, na qual os esforços conjuntos mostram-se necessários para atenuação desta terrível desdita que ameaça a vida e a integridade dos seres humanos. Diferentemente destes, o SARS-CoV-2 não diferencia habitantes de países da modernidade central ou periférica. Este é um fato atual que faz emergir a necessidade de estudos amplos e sérios sobre a proposta teórica de Marcelo Neves, que clama pela

---

[52] NEVES, Marcelo. *Constituição e Direito na Modernidade Periférica...*, p. 401.

[53] "O transconstitucionalismo depende de um método que não se concentre em uma identidade cega. Ordens jurídicas isoladas são evidentemente levadas, especialmente mediante os seus tribunais supremos ou constitucionais, a considerar em primeiro plano a sua identidade, pois, caso contrário, diluem-se como ordem sem diferença de seu ambiente. Mas, se elas estão confrontadas com problemas comuns, especialmente quando esses são de natureza jurídico-constitucional, impõe-se que seja considerada a alteridade. Caso contrário, a tendência é o bloqueio recíproco. Nesse sentido é fundamental, no plano da construção de uma metodologia do transconstitucionalismo, que se considere ser indispensável a reconstrução permanente da 'identidade constitucional' por força de uma consideração permanente da alteridade". (NEVES, Marcelo. Transconstitucionalismo: breves considerações com especial referência à experiência latino-americana. In: CORREIA, Fernando Alves; MACHADO, Jonatas E. M.; LOUREIRO, João Carlos (orgs.). *Estudos em homenagem ao prof. Doutor José Joaquim Gomes Canotilho*. v. III. Coimbra: Coimbra Editora, p. 615-616, 2012).

construção sólida de um modelo transconstitucional. Em suas palavras, escritas anos antes desta pandemia, "tal situação importa que, além da fórmula *'we the people'*, a democracia tem que incorporar semanticamente *'the others, the peoples'*"[54].

> "Eu sou da América do Sul
> Eu sei vocês não vão saber
> Mas agora sou cowboy
> Sou do ouro, eu sou vocês
> Sou do mundo, sou Minas Gerais"
> (*Para Lennon e McCartney* - Lô Borges/Márcio Borges/Fernando Brant)

Referências

DOUZINAS, Costas. *O Fim dos Direitos Humanos*. Tradução de Luzia Araújo. São Leopoldo: Unisinos, 2009.

DUSSEL, Enrique. *14 tesis de ética:* Hacia la esencia del pensamiento crítico. Madrid: Trotta editorial, 2016.

GONÇALVES, Guilherme Leite. *Direito entre a certeza e incerteza:* Horizontes críticos para a teoria dos sistemas. São Paulo: Saraiva, 2013.

LÉVINAS, Emmanuel. *Entre nós:* Ensaios sobre a alteridade. Tradução de Pergentino Stefano Pivatto et al. Petrópolis: Vozes, 1997.

LUHMANN, Niklas. *Law as a Social System*. Trad. Klaus A. Ziegert. New York: Oxford University Press, 2004.

______. *O Direito na Sociedade*. Tradução de Saulo Krieger. São Paulo: Martins Fontes, 2016.

______. *Sociologia do Direito II*. Tradução de Gustavo Bayer. Rio de Janeiro: Edições Tempo Brasileiro, 1983.

NEVES, Marcelo. *A Constitucionalização Simbólica*. 3 ed. São Paulo: WMF Martins Fontes, 2011.

______. *Constituição e Direito na Modernidade Periférica:* Uma abordagem teórica e uma interpretação do caso brasileiro. Tradução de Antônio Luz Costa. São Paulo: Martins Fontes, 2018.

______. Do diálogo entre as cortes supremas e a Corte Interamericana de Direitos Humanos ao transconstitucionalismo

---

[54] NEVES, Marcelo. *Constituição e Direito na Modernidade Periférica...*, p. 400-401.

na América Latina. *Revista de Informação Legislativa*, v. 201, p. 193-214, 2014.

______. Os Estados no(s) centro(s) e os Estados na(s) periferia(as): alguns problemas com a concepção de Estados da sociedade mundial em Niklas Luhmann. In: BOLONHA, Carlos; BONIZZATO, Luigi; MAIA, Fabiana. *Teoria Institucional e Constitucionalismo Contemporâneo*. Curitiba: Juruá, 2016.

______. (Não) solucionando problemas constitucionais: transconstitucionalismo além de colisões. *Lua Nova*, v. 93, p. 201-232, 2014.

______. *Transconstitucionalismo*. São Paulo: Martins Fontes, 2009.

______. Transconstitucionalismo: breves considerações com especial referência à experiência latino-americana. In: CORREIA, Fernando Alves; MACHADO, Jonatas E. M.; LOUREIRO, João Carlos (orgs.). *Estudos em homenagem ao prof. Doutor José Joaquim Gomes Canotilho*. v. III. Coimbra: Coimbra Editora, p. 615-616, 2012.

______. Transconstitucionalismo em uma sociedade mundial assimétrica: pressupostos conceptuais e ponderação autocríticas. *Revista da AGU*, v. 03, p. 37-58, 2015.

______. *Verfassung und Positivität des Rechts in der peripheren Moderne:* Eine theoretischer Betrachtung und eine Interpretation des Falls Brasilien. Berlin: Duncker &Humblot, 1992.

Soberania, Transconsconstitucionalismo e Direito Transnacional

MARCUS VINICIUS XAVIER DE OLIVEIRA

1. Introdução

O convite feito pelos organizadores para participar desse livro sobre importante obra do Professor Marcelo Neves foi muito gratificante, principalmente porque é preciso reconhecer – e todo reconhecimento é um ato propriamente político – que a sua produção intelectual revela um índice e um paradigma da elevada qualidade que as letras jurídicas pode(ria)m alcançar no Brasil, especialmente se o ensino jurídico, a editoração de livros jurídicos, a pesquisa jurídica e os regimes de seleção e preparação dos trabalhadores do direito renunciassem ao ensino bancário, ao classismo e à pedagogia reificante[1].

Um signo dessa situação de calamidade epistêmica? No Brasil existem 1.718 cursos de Direito, enquanto que na Alemanha são 81 (que tem 83 milhões de habitantes), nos Estados Unidos da América 233 (que tem 335 milhões de habitantes) e na República Popular da China 985 (que tem 1 bilhão e 500 milhos de habitantes). Uma pergunta que deveria ser feita, mas nunca o é: onde serão selecionados os professores que darão aulas em um curso cuja matriz é extremamente regulada em sua carga horária e conteúdo curricular obrigatório? A pergunta é retórica, por obviedade.

A obra do Professor Marcelo Neves que amalgamou os diversos trabalhos recolhidos neste livro – Transconstitucionalismo[2] – constitui-se, a todo rigor, em pesquisa de maturidade intelectual, fruto de diversos encontros, pesquisas e diálogos, e apresenta uma das mais relevantes contribuições à complexa relação entre sistemas normativos naquilo que se pode denominar de multinormatividade,

---

[1] DE OLIVEIRA, Marcus Vinícius Xavier. Uma leitura freireana do ensino do Direito a partir dos conceitos de classismo e ensino bancário, in DANNER, Leno Francisco et al (Org.). As diferenças no ensino da Filosofia: reflexões sobre Filosofia e/da Educação, Porto Alegre: Fi, 2017, pp. 155-172.

[2] NEVES, Marcelo. Transconstitucionalismo, São Paulo: Martins Fontes, 2009.

isto é, o fato nada banal de que os sistemas normativos nacionais (pluralismo jurídico horizontal) se relacionam, de uma forma ou de outra, com uma pluralidade de ordenações jurídicas, sendo que a maior parte deles não é passível de ser identificado nas rubricas de outros direitos nacionais (para os quais o Direito Internacional Privado aporta as suas contribuições normativas, institucionais e doutrinárias) e Direito Internacional, Geral ou Especiais, para os quais a doutrina internacionalista ainda se debate entre dualismo o triepelino ou o monismo kelseniano (que propõe uma ordenação verticalizada a partir da norma fundamental hipotética).

E qual é a uma das teses centrais do transconstitucionalismo? Que se o Estado, não querendo construir uma ponte de reconhecimento mútuo de legitimidade-validade-eficácia com as demais ordenações (acoplamento estrutural), ele se exclui, soberanamente, de referidas relações jurídicas, o que implica para os destinatários finais das normas – indivíduos e empresas -, uma *captio diminutio* em seus interesses juridicamente relevantes[3].

Nesse trabalho, esses temas centrais serão analisados a partir de duas perspectivas, a saber, o fenômeno da internacionalização do direito e o papel ocupado pelo Direito Transnacional nesse contexto.

2. As doutrinas tradicionais de sobre a relação entre Direito Nacional e Direito Internacional

Mais do que um problema teórico, as relações entre direito nacional e Direito Internacional, bem como as formas pelas quais as normas internacionais tornam-se aplicáveis em âmbito interno, se constituem em temas essencialmente práticos[4], e que podem ser resumidos no seguinte questionamento: de que modo o direito interno e o Direito Internacional se relacionam, mormente no que concerne à efetividade deste último, tendo em vista que, ainda hoje, os apelos à soberania e aos interesses nacionais se interpõem[5], em

---

[3] NEVES, Transconstitucionalismo, pp. 34-51; 115 e ss.

[4] TRIELPEL, H. Le Rapports entre le Droit Interne et le Droit International. RCADI, v. 1, 1923, p. 79.

[5] "Uma palavra que se repete frequentemente nos escritos dos seguidores de Vattel é "soberania", e é duvidoso que qualquer outra palavra tenha causado tanta confusão intelectual e conflito [lawlessness] internacional". Isso decorre porque, conforme o mesmo Akehurst, "[...] a palavras ainda carrega uma tonalidade emotiva de poder ilimitado, acima da lei, e isso deu uma imagem totalmente enganosa das

determinadas circunstâncias[6], como óbice à eficácia das normas internacionais?

A tentativa de dissolução desse problema geralmente se busca na oposição entre duas teorias, o dualismo de Heinrich Triepel e o monismo com prevalência do Direito Internacional de Hans Kelsen, e que no âmbito concreto das relações internacionais parecem dirigir a compreensão de duas teorias também opostas: o realismo, de caráter dualista, e o idealismo, de caráter monista[7]; uma concepção soberanistas e voluntarista no dualismo; uma concepção cosmopolita e objetivista no monismo.

Pois bem. A doutrina dualista de Triepel, de matriz voluntarista, pode ser compreendida na figura da ponte entre o direito nacional e o Direito Internacional[8]. Ponte porque, em sua concepção, direito nacional e Direito Internacional são dois sistemas jurídicos independentes um do outro, cada qual regendo relações jurídicas distintas, a partir de fontes jurídicas distintas. No direito nacional as

---

relações internacionais. O fato de um governante poder fazer o que ele quer em seus próprios assuntos não significa que ele possa fazê-lo, em questões de direito ou de poder político, a outros Estados". AKERURST, Michael, MALANCZUK, Peter (org.). Akehurt's modern introduction to internacional law, 17 ed., New York: Routledge, 1997, p. 17.

[6] Em muitos casos porque, ao contrário do que percebido pelo senso comum, as normas do Direito Internacional, em sua maior parte, são respeitadas pelos Estados. Somente em casos que ganham visibilidade midiática, em que as normas internacionais não por um seu defeito, mas por prevalência da realpolitik sobre o chão comum da cooperação internacional, são violadas ou desrespeitadas, é que surge a impressão, falsa por sinal, de sua ineficácia. Weil, ao enfrentar esse tema, utiliza-se de uma metáfora interessante: "De cette application de routine du droit international nul, évidemment, ne parle, car ele ne fait pas les titres de l apresse et n'attire pas le caméras de la télévision. Une seule violation du droit international retiendra davantage l'attention des médias que mille applications scrupuleuses. Un chien qui mord um homme, chacun le sait, ce n'est pas une information; un homme qui mord um chien, c'em est une". WEIL, Prosper. Le droit international em quête de son identité, Cours géneral de droit international public, RCAD vol. 237, 1992 pp. 47-48.

[7] Essa afirmação parece encontrar eco na parte final do cours ministrado por Kelsen em 1926 na ADIH, quando ele, após expor a sua concepção monista das relações entre direito internacional e direito nacional, indica sua compreensão de como a teoria dualista tende a fortalecer, nos Estados, a busca pela satisfação de seus próprios interesses em detrimento dos interesses comuns da sociedade internacional. KELSEN, H. Les Rapports des Système entre Droit Interne et Droit International Public. RCADI, v. 14, 1926, pp. 321-326.

[8] TRIELPEL, H. Le Rapports entre le Droit Interne et le Droit International. RCADI, v. 1, 1923, p. 78.

relações entre sujeitos privados entre si, ou entre indivíduos e o Estado; já o Direito Internacional regendo somente relações entre Estados, formalmente iguais em sua soberania.

No que concerne às fontes, em Triepel este conceito é ambíguo, já que tanto se reporta, originariamente, à vontade legiferante, vale dizer, a competência estatal para legislar internamente, e no contexto internacional, a capacidade jurídico-internacional de os Estados, consertadamente[9], criarem normas jurídicas que regem as suas relações recíprocas, havendo, pois, uma distinção entre união (Vereinbarung) e as fontes formais do Direito Internacional, costumes e tratados internacionais; mas também se refere às fontes positivas de direito interno e Internacional que regem comportamentos. Portanto, para Triepel, se se fala em relação, é porque direito interno e Direito Internacional se constituem em ordenamentos jurídicos distintos.

Nesse sentido, ele critica tanto o monismo da escola austríaca, da qual Kelsen era o autor mais destacado, como a escola internacionalista anglo-americana, segundo a qual, o Direito Internacional não seria mais do que a externalidade do direito público dos Estados ("International Law is the Law of the land").

Contra Kelsen em especial, Triepel afirma que, apesar de ele haver forjado uma teoria admirável, ela seria incompatível com a realidade jurídica, caracterizada: a) pelo pluralismo jurídico dos ordenamentos nacionais, nos quais um mesmo conteúdo pode e é regulado de formas diferentes, com consequências jurídicas diversas, sem que nenhum possa ser considerado inválido em relação ao outro, e b) o apelo à vontade/união (Vereibarung), longe de envolver um sincretismo metodológico, constitui-se em um critério racional que permite aferir as escolhas concretas e soberanas conforme o Direito Internacional de cada Estado[10].

Para Triepel, portanto, o dualismo é a teoria que melhor explicita o tema da relação entre Direito Internacional e direito nacional, razão pela qual ele passa a esboçar o modo pelo qual se estabelecem as relações recíprocas entre esses ordenamentos jurídicos, que em sua concepção dizer se fazem a partir de dois critérios: a) conteúdo e b) fontes.

No que concerne às relações de conteúdo, na qual importa tanto

---

[9] A expressão "Vereibarung", empregada por Triepel, tem natureza jurídica diversa das fontes sinalagmáticas.
[10] TRIEPEL, Le Rapports entre..., pp. 85 e ss.

a similitude da matéria regulada como, principalmente, a sincronia e a diacronia da regulação jurídica, o autor irá apreciá-la a partir da teoria da remessa por meio das "regras jurídica que funcionam como carta branca de recepção do direito" (*règles juridiques par blanc-seing opérant réception du droit*), mais especificamente as regras de remessa que se reportam exclusivamente ao conteúdo do Direito Internacional, como a norma de direito nacional que é aperfeiçoada em seu significado quando complementada pelo conteúdo de uma norma internacional, chamadas por Triepel de *"règles juridiques par blanc-seing n'operant pas réception"*[11]. Para o autor, no entanto, estas regras de remessas não têm o condão de transformar o direito interno em Direito Internacional, ademais de gerar problemas práticos de aplicação por criar uma terra incognita quando de suas aplicações por órgãos inferiores do Estado.

Concernente às relações entre fontes, Triepel reafirma a diferença estrutural entre direito interno e Direito Internacional no que toca à diversidade volitiva que os cria, negando, de forma peremptória, a existência de uma justaposição entre estes sistemas jurídicos, quanto mais subordinação. Em outros termos, a antinomia entre direito interno e Direito Internacional, caso haja, não pode ser resolvida pela ideia de validade/invalidade daquele em relação a este, mas tão somente através do instituto da responsabilidade internacional do Estado pelo inadimplemento da obrigação internacional[12].

No que tange, por fim, ao princípio geral que orienta a teoria dualista, isto é, a ideia de que o Direito Internacional, para obter eficácia em âmbito interno precisa ser "internalizado" via recepção, isto é, tornar-se norma interna por meio do procedimento formal, geralmente instituído pela Constituição, pelo qual o Estado internaliza a norma de Direito Internacional[13], Triepel analisa as relações entre tais normas a partir, primeiramente, da diferenciação entre "direito interno conforme o Direito Internacional" e "direito interno indiferente ao Direito Internacional". A diferença entre ambos é que o direito interno conforme o Direito Internacional constitui-se no conjunto de normas internas que são as únicas com relevância para se analisar a relação entre os dois sistemas normativos, e o direito interno indiferente ao Direito Internacional não, pois somente a primeira categoria se constitui no cerne do

---

[11] TRIEPEL, Le Rapports entre..., pp. 93 e ss.
[12] TRIEPEL, Le Rapports entre..., pp. 115 e ss.
[13] TRIEPEL, Le rapports entre..., pp. 93 e ss.

problema para aferir o cumprimento de uma obrigação internacional pelo Estado.

Depois, o autor faz um segundo distingo no âmbito do "direito interno conforme o Direito Internacional" a partir da díade "direito interno conforme o Direito Internacional autorizado" e "direito interno conforme o Direito Internacional ordenado". O "direito interno conforme o Direito Internacional ordenado" compreende aquelas normas de relevância imediata para que o direito interno torne efetiva a uma norma do Direito Internacional, já o "direito interno conforme o Direito Internacional autorizado" de relevância mediata, como, e.g., as regras de conexão do Direito Internacional Privado.

Por fim, Triepel opera um segundo distingo no âmbito do "direito interno conforme o Direito Internacional ordenado", subdividindo-o em "direito interno conforme o Direito Internacional imediatamente ordenamento", que abarca as hipóteses em que o Direito Internacional estabelece um conteúdo a ser regulado pelo direito nacional, e o "direito interno conforme o Direito Internacional indiretamente ordenado", também denominado de "direito interno conforme o Direito Internacional ordenado e indispensável", e que se constitui naquele conjunto de normas internacionais que somente serão internamente postas em execução caso o Estado as regule.

Posição diversa, por obviedade, é a descrita na teoria monista tal como teorizada por Kelsen com a sua teoria do monismo com prevalência do Direito Internacional, de cariz manifestamente idealista e objetivista.

O que é importante demarcar é que, diferentemente de Triepel, que encontra no tema problemas de caráter teórico e prático (como, e.g., o conceito de *terra incognita* no que alude à aplicação das normas internacionais pelos órgãos do Estado), Kelsen irá enfrenta-lo, como é usual em sua obra, a partir de problemas teóricos atinentes à fundamentação e validação recíproca entre direito nacional e Direito Internacional.

Com efeito, quando no Curso de 1926[14], que será o referencial utilizado nesse trabalho, ele enfrenta especificamente o problema da relação entre Direito Internacional e direito interno, a partir da afirmação de que o sistema jurídico não pode ser compreendido a

---

[14] KELSEN, *Les Rapports des Système...*, pp. 231-326.

partir do pressuposto de existência de dois sistemas normativos independentes e igualmente válidos (que é a tese central do dualismo), mas sim de um sistema unitário de normas fundadas, hierarquicamente, por uma norma fundamental hipotética, cuja finalidade, no plano lógico-formal, é a de dar um fechamento ao sistema normativo de forma a se evitar o regressum ad infinitum[15], o que ele pretende é tanto evitar a conformação de pluralismo jurídico como uma ofensa aos princípios fundamentais do pensamento sistêmico, isto é unidade de sentido e coerência interna[16].

No que alude à relação entre Direito Internacional e direitos nacionais, Kelsen, ao (re)afirmar a unidade sistemática do direito, irá reconhecer, assim como o faz em relação ao sistema normativo dos Estados federativos, a existência de um ordenamento jurídico total – a ordem jurídica da sociedade internacional – e ordens jurídicas parciais – os diversos ordenamentos nacionais[17]. O que permite a coerência e unidade no interior desse sistema macro são as regras de coordenação e de subordinação. Subordinação porque os Estados e seus respectivos ordenamentos jurídicos estão submetidos ao

---

[15] O problema da identificação da "norma fundamental hipotética" na teoria monista foi, por assim dizer, um genuíno "work in progress" no pensamento de Kelsen. Se em seus trabalhos iniciais – Das Problem der Souviränität und die Theorie des Völkerrechts, de 1920, bem como em seus dois cursos iniciais na ADIH - Les rapports des Système entre Droit Interne et Droit International Public, de 1926, e o Théorie générale du droit international public. Problèmes choisis, de 1932, ele a identificou no princípio pacta sunt servanda, em seus últimos trabalhos, em especial no Théorie du Droit International Public, referente ao curso do ano de 1953 na ADIH, Kelsen afasta dita identificação – na medida em que este princípio se constitui numa norma de direito internacional consuetudinário, portanto não hipotético -, para fazê-lo no princípio consuetudo et servanda, que fundamenta a potência criadora dos costumes internacionais, pois a "[...] base do direito consuetudinário [...] consiste "no princípio geral de que se deveria manter uma conduta de forma como nossos pares costumam tê-la e por certo período de tempo costumavam manter". E, somente na hipótese desse princípio fundamentador assumir o caráter de norma, "[...] o costume vem a ser um fato criador de Direito". Reitera-se, por fim, que esse entendimento de Kelsen resultou de uma evolução interpretativa do autor sobre sua própria sistematização do ordenamento jurídico, não tendo sido considerado em suas primeiras obras". MACEDO, Paulo Emílio Vauthier Borges de, PONTES, Jean Rodrigo Ribeiro de. Hans Kelsen e a Prevalência do Direito Internacional: um lugar para a Grundnorm, in DE OLIVEIRA, Marcus Vinícius Xavier, DANNER, Leno Francisco. Filosofia do direito e comtemporaneidade, Porto Alegre: Fi, 2015, p. 66-68.
[16] KELSEN, Les Rapports des Système..., pp. 263 e ss.
[17] KELSEN, Les Rapports des Système..., pp. 270 e ss.

Direito Internacional Geral através do princípio da primazia do Direito Internacional; coordenação porque, salvo as hipóteses específicas atinentes ao Direito Internacional Geral, a autonomia legiferante das unidades parciais é assegurada pelo Direito Internacional, que delimita, territorial e juridicamente, a esfera de validade desses ordenamentos parciais[18].

Assim, aquilo que é denominado por "soberania" deve ser compreendido pela expressão "jurisdição", isto é, o conjunto de poderes legislativos, adjudicativos e governamentais assegurados pelo Direito Internacional para que o Estado possa se autogovernar sem que, doutro passo, sofra intervenções internacionalmente indevidas por outros Estados.

Especificamente contra o dualismo, Kelsen[19] soergue as seguintes contradições e equívocos: a) o dualismo nega a juridicidade do Direito Internacional: ao afirmar a validade exclusiva do direito nacional em âmbito interno, o dualismo acaba por infirmar a juridicidade positiva do Direito Internacional, remetendo-o a uma juridicidade "natural", quando muito assemelhada a um conjunto de regras morais e/ou de usos, como o afirmado por John Austin, um dos mais loquazes negadores da juridicidade do Direito Internacional; b) o dualismo nega a juridicidade dos ordenamentos jurídicos estrangeiros: ao estabelecer a validade das normas somente sobre o postulado da soberania nacional, para Kelsen o dualismo nega, eo ipso, a validade das normas de outros Estados; c) o dualismo nega a possibilidade de delimitação dos domínios normativos dos Estados; e d) por fim, Kelsen expõe a sua objeção à teoria da união (Vereibarun) ao sustentar que, nessa hipótese, confluem dois momentos distintos de criação do Direito Internacional, bem como a teoria da transformação do Direito Internacional em direito nacional. Para Kelsen, união e fontes internacionais são caracterizadas como momentos sucessivos de interpretação e aplicação do Direito Internacional, não sendo a união nada mais do que o procedimento de criação das fontes. Com relação à teoria da transformação, isto é, a tese da internalização, ele não irá negar que, geralmente, os Estados estabelecem procedimentos internos de ratificação e promulgação do Direito Internacional anteriormente concertado. Mas isso, per se, não transforma o Direito

---

[18] KELSEN, Les Rapports des Système..., pp. 299 e ss.
[19] KELSEN, Les Rapport des Système..., pp. 275 e ss.

Internacional em direito nacional, posto que, tenham os Estados internalizado ou não a obrigação internacional, isto não ilide a obrigatoriedade de seu cumprimento na forma dos princípios pacta sunt servanda e bona fide.

Numa segunda etapa, Kelsen irá expor as principais teses acerca do monismo, iniciando-se pela teoria do monismo com prevalência do direito nacional, consignando que este tem como tarefa essencial a preservação da ideia de soberania dos Estados, sendo, nesse sentido, uma teoria fundada sob a autolimitação dos Estados em relação à sociedade internacional. Esta autolimitação tem por fundamento o princípio do reconhecimento, segundo o qual "[...] o direito soberano dos Estados nacionais reenvia no que concerne às relações internacionais às regras conhecidas pelo nome de Direito Internacional [...]"[20]. Este reconhecimento se opera ou por uma regra específica do direito nacional – geralmente a Constituição -, ou de forma tácita, mediante a autorização geral para que um órgão assim o faça. O problema dessa concepção é a de reconhecer a validade do Direito Internacional somente quando for compatível com o direito nacional, e não de per se. Contudo, um seu aspecto positivo é a de conferir cogência à regra pacta sunt servanda, de modo que, em sendo violada uma norma internacional, considera-se violada, no mesmo passo, uma norma do direito nacional.

Por fim Kelsen irá expor de forma bastante minudente as razões de seu convencimento acerca da superioridade teórica e política do monismo com prevalência do Direito Internacional. Ele inicia afirmando que a essência do Direito Internacional moderno é a fundação de uma sociedade internacional formada por Estados iguais, do qual ele infere a supremacia da sociedade internacional – enquanto ordem jurídica total objetiva – sobre as sociedades parciais – Estados. Ademais, é a existência desse ordenamento jurídico total que permite a coordenação 'soberana' das ordens parciais, mediante a delimitação recíproca de suas jurisdições internacionais. Ora, esta delimitação somente é possível se, ao mesmo tempo, ela for considerada como válida, isto é, obrigatória pelas ordens jurídicas parciais. Assim, soberania não seria nada mais do que independência recíproca entre ordens parciais, e não insubmissão à ordem jurídica total – o Direito Internacional.

Isto somente é possível se se considerar, doutro giro, que a

---

[20] KELSEN, Les Rapports des Système..., pp. 291 e ss.

ordem jurídica internacional é dotada de existência objetiva, isto é, a sua validade não depende da vontade dos Estados, mas que os Estados estão submetidos às normas do Direito Internacional. Kelsen, nesse sentido, resgata a distinção grociana entre um Direito das Gentes imutável e um Direito das Gentes voluntário, no qual este está submetido àquele em sua validade. Por isso, a fonte de Direito Internacional não é válida enquanto mera manifestação de vontade do Estado (ou porque conforme o seu ordenamento jurídico), mas enquanto norma objetiva formal e materialmente diversa das fontes internas, devendo os Estados, em observância ao princípio da supremacia do Direito Internacional sobre o direito nacional, adequar os seus ordenamentos jurídicos ao Direito Internacional através dos critérios da coordenação ou da subordinação.

A título de conclusão parcial, verifica-se que as duas doutrinas são inconciliáveis, operando um aut-aut que opõe, em polos distintos, internacionalistas e soberanistas[21], mas também manifestos problemas quanto à aplicação das normas de Direito Internacional em nível interno.

Além disso, essas concepções tradicionais não abarcam semântica e normativamente o fenômeno da internacionalização do direito e a existência de esferas normativas que não sejam criadas pelo(s) Estado(s), razão pela qual esse fenômeno será discutido no próximo tópico.

3 Internacionalização do Direito e as transformações no campo da relação entre Direito Nacional e Direito Internacional e Transnacional

A discussão acerca das relações entre direito nacional e Direito Internacional, especialmente no contexto do direito brasileiro, como indicado por Macedo e Costa Pinto[22], ficou reduzido ao problema da hierarquia interna dos tratados internacionais, mormente os relativos ao Direito Internacional de Direitos Humanos, em razão,

---

[21] DE OLIVEIRA, Direito Penal Internacional, Estado Constitucional e o problema da mitigação da soberania na persecução dos crimes internacionais próprios. Revista Quaestio Iuris v. 11, n. 3, Rio de Janeiro, 2018, pp. 2034-2070.
[22] MACEDO, Paulo Emílio Borges de, COSTA PINTO, Paulo Edvandro. Monismo e Dualismo Além dos Tratados: a internalização das Resoluções do Conselho de Segurança, Revista Quaestio Iuris, 2012, pp. 1-14.

de um lado, do silêncio constitucional acerca do regime de incorporação das normas internacionais, operando, no respeitante àquele campo normativo uma polarização doutrinária-jurisprudencial sobre o sentido do artigo 5º, §2º da CRFB/88, e de outro lado uma redução da abrangência das fontes de Direito Internacional, vale dizer, a circunscrição do debate somente aos tratados internacionais, descurando-se, pois, de outras fontes, como os costumes internacionais, as resoluções das organizações internacionais, em especial as resoluções do Conselho de Segurança das Nações Unidas, as únicas dotadas de imperatividade, diversamente das derivadas das demais organizações internacionais, compreendidas como manifestação de *soft Law*, o cumprimento das sentenças proferidas por Tribunais Internacionais, dentre outros tópicos relevantíssimos.

Com efeito, a discussão que se trava nas duas teorias abrange às fontes do Direito Internacional, e não somente os tratados internacionais, tema que é assaz importante quando, e.g., se analisa a eficácia interna dos costumes internacionais.

Ademais, e esse tópico é um problema que toca de forma bastante singular ao presente trabalho, é preciso considerar de que forma os fenômenos da expansão normativa e da fragmentação (diferenciação funcional)[23] influenciam as relações entre Direito Internacional e direito nacional, tendo em vista, principalmente, a diversidade conteudística das normas e das obrigações internacionais delas decorrentes, bem como as profundas modificações que estes fenômenos provocaram não somente na conformação da sociedade internacional – de uma sociedade de justaposição a uma sociedade de coordenação e cooperação -, mas também no modo como os Estados se veem compelidos a dar cumprimento a tais obrigações.

A isto se soma, por fim, uma crescente autonomização e privatização de muitas fontes, mormente no contexto da *lex mercatoria*, da *lex sportiva* e da *lex digitalis*[24], frente às quais o Estado se

---

[23] KOSKENNIEMI, Martti. **Fragmentation of International Law**: difficulties arising from the diversification and the expansion of International Law - Report of the Study Group of the International Law Commission. **INTERNATIONAL LAW COMMISSION**, Fifty-eighth session, Geneva, 1 May-9 June and 3 July-11 August 2006.
[24] Expressões que identificam, respectivamente, o Direito Comercial Internacional, o sistema jurídico que rege os esportes em nível transnacional

vê obrigado a construir pontes entre os sistemas normativos.

Em outros termos, se as relações entre Direito Internacional e direito nacional, no sistema westfaliano, eram, por definição, estatocêntricas[25], com o regime internacional que se vem conformando desde a Carta das Nações Unidas, e muito mais com o fenômeno da globalização econômica e os diversos processos de internacionalização do direito, tem-se a clara dimensão de uma contínua e irrefreável descentralização não só das fontes normativas internacionais, mas também das nacionais[26].

Isso demanda do estudioso a necessidade de tentar pensar não mais o "uno", mas o "múltiplo", o "plural", caracterizado por aquilo que Delmas-Marty identificará, no contexto da internacionalização do direito, pelas imagens das "pirâmides inacabadas" e por "[...] estranhos anéis que evocam "raminhos de uma guirlanda eterna" [...]"[27], nas quais os sistemas normativos, guardando cada um para si uma ampla autonomia de regulação e hierarquização, impõe ao intérprete a exigência de um pensamento transdisciplinar[28].

Assim, existem outras interposições à assunção da doutrina kelsiana do monismo com prevalência do Direito Internacional que não se circunscrevem só ao aspecto político, pois com a internacionalização do direito ingressam outros, como a profunda alteração da infraestrutura da sociedade internacional (novos sujeitos e atores internacionais e novas relações juridicamente reguladas) e de sua superestrutura normativa.

Marcelo Varella[29], nesse sentido, identificará características essenciais desse sistema normativo internacional, a saber:

a) a integração frequente entre os direitos nacionais, o direito de sistemas regionais de integração e o direito internacional;

b) a multiplicação de fontes normativas não estatocêntricas;

---

e o regime de regramento da rede mundial de computadores exercido pelo ICANN.

[25] WEIL, Le Droit International en Quête... pp. 25-41.

[26] NEVES, Transconstitucionalismo..., p. 53 e ss. DELMAS-MARTY, Mireille. Por um direito comum, trd. Maria Ermantina de A. P. Galvão, São Paulo: Martins Fontes, 2004, pp. 45 e ss.

[27] DELMAS-MARTY, Por um direito comum..., pp. 85-87.

[28] RESTA, Eligio. O direito fraterno, trd. Sandra Regina M. Vial, Santa Cruz do Sul: Edunisc, 2004, passim.

[29] VARELLA, Marcelo. Direito Internacional Público, 4 ed., São Paulo: Saraiva, 2012, pp. 27-33.

c)   a multiplicação de instâncias de solução de conflitos fora do Estado;

d)   a inexistência de hierarquia formal entre as normas jurídicas ou entre as instâncias de solução de conflitos; e

e)   o acúmulo de lógicas distintas no direito nacional e internacional, cuja interação é impossível com os métodos tradicionais de solução de conflitos de normas e de jurisdição.

Entretanto, e isso é um fator de mitigação dos problemas acima indicados, é importante lembrar o fato de que as normas internacionais em sentido lato – isto é, tanto de Direito Internacional como de Direito Transnacional - possuírem uma eficácia mitigada no que respeita à sua estrutura deontológica quando comparados com as normas do direito nacional[30].

Conforme ensina Pastor Ridruejo, ao lado do aspecto por ele identificado com a expressão "politização estendida", uma vez que os Estados, em suas relações internacionais, "[...] se comporta[m] mais frequentemente como ente[s] de poder, isto é, inspirado[s] mais por motivações política que jurídicas [...]"[31], a própria estrutura normativa das fontes internacionais – tratados internacionais, costumes, resoluções de organizações internacionais etc – se caracterizam pela dualidade obrigações de comportamento e obrigações de resultado, em que o *facere* e o *non facere* nelas vinculadas têm uma dimensão muito mais dúctil do que aquelas previstas pelas normas de âmbito interno:

> Efetivamente, junto às normas que estabelecem obrigações de resultado, que são as que impõem aos Estados o dever de alcançar determinado objetivo (por exemplo, a abstenção do recurso à ameaça ou uso da força), existem normas que não fixam senão obrigações de comportamento, isto é, o dever de pôr os meios para

---

[30] Como seja, normas proibitivas, mandamentais e permissivas, pelas quais o legislador impõe/assegura ao destinatário final das normas, respectivamente, o non facere, o facere ou a facultas agendi. Nas duas primeiras hipóteses, um ato comissivo ou omissivo viola ao comando primário da norma, suscitando a imputação da responsabilidade jurídica com a consequente sanção; na última hipótese, o fazer ou não fazer é de livre escolha do sujeito, não podendo o Estado impor responsabilidade alguma, salvo a hipótese de abuso de direito.

[31] PASTOR RIDRUEJO, Jose Antonio. Curso de derecho internacional público y organizaciones internacionales, 4 ed., Madri: Tecnos, 1992, p. 23.

alcançar determinado resultado, mas sem exigir taxativamente a sua consecução (por exemplo, o de procurar chegar à resolução das controvérsias internacionais). Pois bem, como a execução deste último tipo deixa grandes margens de discricionariedade aos destinatários, a verificação de seu incumprimento é extremamente problemática.[32]

Assim, mesmo considerando-se a expansão, a fragmentação e a autonomização de diversos campos no âmbito do Direito Internacional e do Direito Transnacional como traços distintivos da realidade contemporânea, é certo que os Estados ainda detêm uma ampla margem de autonomia político-jurídica para estabelecer o como do cumprimento interno dessas normas, sendo tais modos de internalização compendiados pelos institutos da unificação, da uniformização e da harmonização.

Na unificação identifica-se a hipótese nomeada por Dolinger[33] sob a rubrica do direito uniformizado (ou direito uniforme espontâneo), pelo qual os Estados ajustam, através de um tratado internacional, a regulação unificada de determinados institutos jurídicos que deverão ser regulados em âmbito interno de conformidade com o regramento estabelecido pelo Direito Internacional, como nas hipóteses, e.g., das Leis Uniformes de Genebra sobre Títulos de Crédito e demais normas produzidas no contexto da Comissão das Nações Unidas para o Direito Comercial Internacional.

Já na uniformização busca-se o estabelecimento de um tratamento uniforme de determinada matéria pelos direitos nacionais, que deverão, conforme a sua cultura jurídica e os seus princípios fundamentais, dar eficácia interna às normas internacionais e transnacionais. Nesse sentido, é comum que os tratados internacionais, diversamente do que ocorre na unificação, regule as obrigações internacionais através de princípios ou regras

---

[32] PASTOR RIDRUEJO, *Curso de Derecho Internacional...*, p. 24.

[33] DOLINGER, Jacob. *Direito Internacional Privado: Parte Geral*, 6 ed., Rio de Janeiro: Renovar, 2001, pp. 33-42. Conforme este autor, o direito uniforme ocorre quando um Estado recepciona, total ou parcialmente, normas vigentes no ordenamento jurídico de outro Estado; já o direito uniformizado, ou direito uniforme dirigido, decorre do "[...] esforço comum de dois ou mais Estados no sentido de uniformizar certas instituições jurídicas, geralmente por causa de sua natureza internacional" (p. 35).

gerais que permitam aos Estados adequar as suas legislações ao Direito Internacional.

É o que se dá, geralmente, no âmbito das regulações internacionais sobre o Direito Penal, na medida em que os tratados internacionais, estabelecendo, e.g., mandados internacionais de tipificação interna, o fazem a partir de regras gerais, salvaguardando aos Estados a possibilidade de adotarem integral ou parcialmente o programa internacional a depender dos princípios fundamentais de seus ordenamentos jurídicos, bastando pensar que um tratado multilateral deverá apresentar parâmetros de regulamentação pelo direito nacional para Estados pertencentes a famílias jurídicas tão dispares como o são os do sistema romano-germânico, anglo-saxão, islâmico, dentre outros, donde o papel importantíssimo desempenhado pelo direito comparado na conformação e interpretação do Direito Penal Internacional, mormente a partir dos princípios gerais do Direito Penal[34].

Por fim tem-se a harmonização. Nessa hipótese busca-se, na melhor medida do possível, estabelecer um equilíbrio normativo entre o direito nacional e o Direito Internacional e Transnacional, de forma a se afastar, o quanto possível, antinomias ou interpretações divergentes em relação aos dispositivos normativos, de forma que aquilo que é assegurado e/ou regulado internacionalmente seja compatibilizado com aquilo que é vivido em âmbito nacional em termos de valores e princípios jurídicos fundamentais, encontrando um ponto médio de aplicação.

Conforme Lima[35],

> [...] a harmonização representaria o nível mais modesto, em que os Estados assumiriam o compromisso de atingir certos resultados, mas estariam, de certa maneira, livres para decidir o modo de alcançar tais objetivos: poderiam emitir uma nova legislação ou, se for o caso, emendar a lei já existente, ou ainda poderiam alterar a interpretação ou o entendimento vigente sobre determinada situação jurídica.

Trata-se, portanto, da constatação da impossibilidade de

---

[34] AMBOS, Kai. A parte geral do Direito Penal Internacional: bases para uma elaboração dogmática, trd. Carlos E. A. Japiassú e Daniel A. Raizman, São Paulo: RT, 2008 pp. 47-52.
[35] LIMA, João André. A Harmonização do Direito Privado, Brasília: FUNAG, 2008, p. 116.

uniformização, quanto mais da unificação, e a busca por um compromisso internacional que permita um grau mínimo de coesão acerca de determinada matéria, servindo-se o Direito Internacional, mais uma vez, de mandados de internalização das matérias mediante regras e princípios gerais.

Portanto, é mais do que induvidoso que, no concernente às relações entre Direito Internacional e Transnacional e direito nacional, aos Estados ainda é assegurado um grau bastante amplo de autonomia político-jurídica. O que este postulado, no entanto, não parece de forma alguma permitir concluir é que eles, nada obstante a assunção de obrigações internacionais, simplesmente deixem de lhes dar cumprimento em nível interno – provenham de quais fontes provierem -, principalmente em razão da imperatividade jurídica dos princípios jurídicos internacionais.

4 O Direito Transnacional como esfera autônoma de regulação de relações jurídicas transnacionais

Atribui-se a Phillip Jessup, em sua obra Transnational Law, de 1956, a paternidade pela criação do *nomen* que dá origem, ao mesmo tempo, às esferas de regulações normativas criadas por atores não-estatais.

Com efeito, Jessup denominou por Direito Transnacional como "[...] todo direito que regula ações e eventos que transcendem as fronteiras nacionais. Tanto o direito internacional público quanto o privado estão incluídos, bem como outras normas que não se enquadram perfeitamente em uma categoria padrão [...]"[36].

Em um primeiro momento, portanto, o conceito englobaria todas as formas de normatização das relações internacionais, desde aquelas criadas pelo Estados em suas mútuas relação (Direito Internacional), passando pelas regras internas dos Estados que resolvem problemas relativos ao conflito interespacial de normas, isto é, a partir da fixação das regras de conexão quer determinam se as relações privadas de caráter transnacional serão regidas por

---

[36] "[…] all law which regulates actions or events that transcend national frontiers. Both public and private international law are included, as are other rules which do not wholly fit into such standard categories". JESSUP, Phillip C. Transnational Law, New Haven: Yale University Press, 1956, p. 2.

normas nacionais ou de direito estrangeiro (Direito Internacional Privado), chegando a formas autônomas de regulação normativa efetuadas por atores não-estatais transnacionais, como fica bastante evidenciado no contexto da *lex mercatoria.*

Segundo Mange, o que direcionou Jessup nesse norte foi a de ter observado que a complexidade das relações transfronteiriças não envolviam, somente, a aplicação de uma espécie de norma ou outra, mas um conjunto de normas – sejam de atores estatais ou não-estatais – e que podem e são arguidas pelos interessados para a proteção de seus respectivos interesses[37].

Um exemplo significativo se dá no concernente a arbitragem transnacional, em que tanto as normas convencionais e o *soft law* do Direito Internacional é aplicado em conjunto com as diversas regulações de direito material e processual das mais diversas Câmaras e Tribunais de arbitragem, sem que uma norma possa ou reclame precedência ou hierarquia sobre as demais.

Por isso, Detlev Vagts[38] sustenta que o que caracteriza o Direito Transnacional como campo normativo autônomo é;

a) que ele versa sobre causas que transcendem as fronteiras nacionais, donde o seu nome transnacional;

b) que não há uma distinção clara entre normas de direito público e de direito privado; e

c) ser regulado por fontes normativas abertas e flexíveis, além das tradicionais listadas no art. 38 do Estatuto da Corte Internacional de Justiça, incluindo, por exemplo, a soft law, os regulamentos processuais das Cortes de Arbitragem, resoluções da Comissão das Nações Unidas para o Direito Comercial Internacional etc.

Uma vez que Jessup caracterizou o Direito Transnacional naqueles termos e desde aquelas características, surgiu uma corrente doutrinária que se orienta pela asseveração de uma autonomia em sentido forte para distinguir o Direito Transnacional do Direito Nacional e do Direito Internacional, conforme sustentado por Teubner. Em outros termos, o Direito Transnacional se constituiria em um campo autônomo e não subordinado quer ao Direito

---

[37] MANGE, Flavia Foz. As características do Direito Transnacional como metodologia: análise sob o enfoque dos aspectos processuais da arbitragem. Revista de Direito Internacional vol. 13., n. 3, Brasília, 2016, pp. 126-146.
[38] VAGTS, Detlev F. Transnational business problems, New York: The Foundation Press, 1986, p. 22.

Nacional quer ao Internacional, guardando, pois as seguintes características na concepção de Koh[39]:

a) não é tradicional, pois distancia-se das dicotomias históricas que envolvem o estudo do direito internacional de divisão entre público/privado e doméstico/internacional;

b) não é estatal, já que os atores envolvidos nesse processo não são apenas, e nem primordialmente, o Estado. Inclui atores não estatais;

c) não é estático, mas dinâmico, tendo a aptidão de transforma-se do público para o privado, do doméstico para o internacional e vice-versa, e em constante mutação; e

d) é normativo, pois no processo de interação, novas normas emergem, são interpretadas, executadas e internalizadas.

Para que fique mais claro o que se afirma. Para Teubner[40], os setores sociais produzem normas com relativa autonomia em relação aos Estados, possibilitando a emergência de ordenamentos jurídicos *sui generis*. Exemplificando os ordenamentos jurídicos transnacionais criados por setores sociais, Teubner cita a *lex mercatoria*, a *lex sportiva* e a proteção de direitos humanos. No contexto da discussão sobre a *lex mercatoria*, Teubner assevera que

> [...] observamos aqui é um discurso jurídico auto-reprodutor de dimensões globais que cerra as suas fronteiras mediante recurso ao código binário "direito/não-direito" (Recht/Unrecht) e reproduz a si mesmo mediante o processamento de um símbolo de vigência global (não: nacional). O primeiro critério – codificação binária – distingue o direito global de processos econômicos e outros processos sociais. O segundo – vigência global – delimita o direito global de fenômenos jurídicos nacionais e internacionais. Ambos os critérios são instrumentos da observação de segundo grau, conforme mencionado anteriormente. Assim, o direito observa as suas próprias observações em seus ambientes dos ordenamentos jurídicos nacionais e do sistema social global. Com essa definição rendemos homenagem ao linguistic turn na sociologia e o aplicamos simultaneamente ao "direito no contexto". Correspondentemente, conceitos-chave da sociologia clássica do direito, como norma, sanção e controle social passam para o segundo plano; seu lugar é

---

[39] KOH, Harold Hongju. Transnational Legal Process. Nebraska Law Review v. 75, n. 1, 1996, pp. 181-207.

[40] TEUBNER, Günther. A Bukovina Global: sobre a emergência de um pluralismo jurídico transnacional. Revista Impulso v. 14, tradução de Peter Naumann, Piracicaba, 2003, pp. 9-31

assumido pelos conceitos-chave centrais das controvérsias contemporâneas, como ato de fala, énoncé, codificação, gramática, transformação de diferenças e paradoxos. Elas prometem uma compreensão mais aprofundada da lex mercatoria e do pluralismo jurídico global, além daquela que as categorias da tradicional sociologia do direito podem oferecer. A sanção perde o seu papel tradicional como concepção central para a definição do direito, para a delimitação entre as esferas jurídica e social, e as esferas global e nacional. Naturalmente, esse conceito fora importante para a tradição: na teoria do direito, de Austin (commands backed by sanctions), no conceito de direito, de Max Weber (administração por uma equipe jurídica profissionalizada), na distinção de Ehrlich entre normas jurídicas e normas não-jurídicas, e, finalmente, no behaviorismo da teoria jurídica de Geiger (alternativa obediência à norma/sanção).

Nesse mesmo sentido, Nasser inclui a regulamentação privada transnacional que passaria por um processo de deslocamento do nacional para o transnacional e do público para o privado, podendo ser definida como "um novo corpo de regras, práticas e processos" criados por atores independentes e comunidades epistêmicas[41].

Um exemplo muito interessante acerca desse processo de privatização normogenética é dada por Marcelo Varella no contexto dos sistemas de certificação ISO 9000 (certificação na qualidade de gestão e *accountability* fornecedor/consumidores internos-externos) e ISSO 14000 (gestão ambiental), os quais são exigidos como condições prévias à contratação interna ou externa para o fornecimento de produtos e serviços, seja pela poder público ou por particulares, e que não foram instituídos por órgãos públicos nacionais ou internacionais, mas por um organismo privado – a *International Organization for Standardization – cujas regras passaram a viger na relações internacionais e transnacionais*[42].

É certo, no entanto, que a asserção teuberniana de que o Direito Internacional dos Direitos Humanos se constitui em forma autônoma de regulação transnacional merece ser mitigada pelo menos a partir de três considerações[43]:

a)   diversamente da *lex mercatoria,* da *lex sportiva* e da *lex digitalis* –

---

[41] Apud MANGE, As características do Direito Transnacional como metodologia..., p. 131.

[42] VARELLA, Direito Internacional Público..., p. 28.

[43] Vide WEIL, Le droit international em quête de son identité..., pp. 100-101.

três campos que se constituem, por antonomásia, em expressões do Direito Transnacional[44], e que são instituídos por sujeitos não-estatais, ou se tem a participação de sujeitos estatais, a norma produzida não goza nem de supremacia nem de primazia na aplicação sobre as demais normas, o Direito Internacional dos Direitos Humanos é, por definição, criado por sujeitos estatais, na forma de tratados internacionais multilaterais ou de costumes internacionais, e aplicados por instituições supranacionais criadas e dirigidas, em último grau pelos Estados-Parte;

b) ademais, os destinatários passivos das normas do Direito Internacional dos Direitos Humanos são os Estados, excepcionalmente os particulares. Em outros termos, objetiva-se com o Direito Internacional dos Direitos Humanos estabelecer obrigações internacionais de contenção do poder estatal como forma de proteção a direitos essenciais da pessoa humana;

c) por fim, o sistema de solução de controvérsia não é, a rigor, transnacional, mas supranacional, vale dizer, por Tribunais Internacionais de Direitos Humanos instituídos por tratados internacionais multilaterais aos quais os Estados, no exercício de suas jurisdições externas, reconhecem e se submetem.

A autonomia nesse campo se dá com o fato de as normas globais e/ou regionais de Direitos Humanos adquirirem-na a partir da jurisprudência dessas Cortes, que as tem concebido como um campo normativo próprio quer em relação aos Direito Internacional em geral, quer em relação aos Direitos Nacionais.

Frente a este estado de coisas, é extremamente pertinente aferir,

---

[44] Barza e Galvão, tomando como referencial teórico a ideia de especialização regulatória transnacional, estendem as diversas lex transnacionais para as esferas da lex petrolea, da lex argentarium, da lex maritima e da lex constructionis, tendo como referencial a teoria de Marcelo Neves, segundo a qual "Estas novas ordens jurídicas transnacionais se desenvolvem a partir das relações estabelecidas entre o direito e algum outro sistema funcional global... Estas relações despontam em meio à análise da sociedade moderna multicêntrica, que desenvolve mecanismos que possibilitam a ocorrência de vínculos entre as diferentes esferas de comunicação social". BARZA, Eugênia C. N. Ribeiro, GALVÃO, Jéssyka Maria Nunes. A galáxia lex e a construção de um sistema jurídico transnacional. Revista de Direito Internacional v. 15, n. 3, Brasília, 2018, pp. 441-452.

ao menos em nível epistêmico, como os Estados agem ou deveriam agir em relação a estas novas juridicidades.

5 Conclusões

Markus Kotzur[45] sustentou em um artigo acerca da feição contemporânea da soberania, que

> Quem abandona à soberania, desconhece não somente a realidade social, como também o conteúdo jurídico do conceito, assim como a simples necessidade que as comunidades políticas têm de contar com uma capacidade, competencialmente garantida, de atuação e configuração. Quem, por outro lado, continua sustentando a habitual, mas questionável equação entre povo, Estado e nação, não é menos cego ante a realidade e frente a necessidade de dispor de uma noção de soberania que lhe seja correspondente.

E qual é essa realidade? É a que

> Assim como o Estado se origina na diversidade pluralista, a comunidade internacional não vive somente da vontade dos Estados soberanos, mas sim que nela participam todas as forças sociais, desde as associações econômicas, passando pelos meios de comunicação, até os indivíduos. São estas forças que, assumindo sua responsabilidade em termos de bem comum em face das gerações presentes e futuras, têm que configurar de maneira sempre renovada a sua comunidade.

Como Estado deve agir frente a uma realidade mundial em que vigem ordenamentos jurídicos plurais, inclusive de natureza transnacional, em que a sua atuação, em maior ou menor medida é bastante limitada, se não inexistente?

A tese defendida por Marcelo Neves, como já visto, é identificada na ideia da necessidade de os Estados instituírem relações de reconhecimento acerca da validade e eficácia das normas do Direito Transnacional como forma de se buscar, o quanto possível, uma harmonização entre as esferas normativas, dada a necessidade de se estabelecer a interconexão entre essas ordens jurídicas - estatais, internacionais, supranacionais e transnacionais-, em torno dos

---

[45] KOTZUR, Markus. A Soberania Hoje. Palavras-Chave para um Diálogo Europeu Latino-Americano Sobre um Atributo do Estado Constitucional Moderno, trd. Marcus V. X. de Oliveira e Gabriel G. de Godói, Revista Quaestio Iuris, Rio de Janeiro, 2012, pp. 1-19.

mesmos problemas de natureza constitucional, em especial no tocante à proteção dos direitos fundamentais[46].

No presente trabalho importa compreender as relações entre ordem nacional e direito transnacional no campo da *lex mercatoria*.

Um campo propício para se tentar compreender o como dessas relações é o do sistema e solução de controvérsias, que no contexto do Direito Transnacional, é a arbitragem transnacional. Com efeito, a arbitragem constitui-se, por assim dizer, na pedra de toque dessa esfera normativa, na medida em que os seus atores, ao não confiarem na judicialização perante os tribunais nacionais, se socorrem exclusivamente dessa modalidade de solução de controvérsias, utilizando-se de uma complexa rede de tribunais arbitrais dispersos pelo globo[47].

Com efeito, são vários os fatores que levam os atores transnacionais a se utilizarem da arbitragem, tais como a desconfiança em relação às justiças nacionais e os seus elevados custos, a manifesta ausência de celeridade processual, decorrente tanto da inflação processual como da possibilidade de ampla recorribilidade das decisões.

Diversamente ao modelo estatal, na arbitragem preponderam características essenciais que a tornam atrativa, a saber[48]:

a) a necessidade de composição entre os litigantes na escolha da composição do tribunal arbitral, cujos membros gozam da confiança e respeitabilidade da comunidade por seu comportamento e conhecimento técnico;

b) a liberdade de escolha do direito aplicável, tanto material como processual;

c) a celeridade na solução da controvérsia, mesmo que se tenha a necessidade de dilação probatória e seja prevista a hipótese de recorribilidade;

d) a garantia do sigilo que recai sobre a lide e sobre a arbitragem; e

e) a executoriedade do laudo arbitral perante o poder judiciário de qualquer Estado.

---

[46] NEVES, Transconstitucionalismo, p. 131.
[47] MANGE, As características do Direito Transnacional como metodologia..., p. 134 e ss.
[48] PINTO, Ana Luiza Baccarat da Mota, SKITNEVSKY, Karin Hlavnicka. Arbitragem nacional e internacional, Rio de Janeiro: Campus/Elsevier, 2012.

Assim, a acoplação estrutural entre os ordenamentos jurídicos nacional e transnacional passa, prioritariamente, pelo reconhecimento político-jurídico da validade das decisões proferida pelo meio *par excellence* de solução de controvérsias do Direito Transnacional, o que se dá, em nível interno, pela concessão do *exequatur* aos laudos/sentenças arbitrais, possibilitando ao requerente a executoriedade do que tenha sido decidido pelo tribunal arbitral.

Um ponto central da tese do transconstitucionalismo é a de que essa acoplação estrutural entre ordens jurídicas distintas deve privilegiar a proteção dos direitos fundamentais.

Ora, um princípio estruturante dos direitos fundamentais é a de que os indivíduos, em razão de sua dignidade e liberdades ínsitas, são titulares de ampla autonomia jurídica no concernente à gestão de seus próprios interesses, cabendo ao Estado, de um lado, proteger essa autonomia de modos e formas heterônomas de cerceamento, e de outro lado permitir ao indivíduo gozá-la da forma mais ampla possível, tornando-se, nesse sentido, responsável pelas decisões que vir a tomar, boas ou más.

No campo da arbitragem, a cláusula compromissória de arbitragem, isto é, a cláusula contratual autônoma que estabelece previamente que os possíveis conflitos de interesses decorrentes do negócio serão submetidos a um tribunal arbitral, manifesta o exercício de autonomia negocial, devendo o Poder Judiciário, salvo as hipóteses de nulidade previstas norma[49], reconhecer a sua validade, ilidindo-se, nesse sentido, um controle desarrazoado que ponha em questão a própria segurança jurídica das partes arbitradas, como, por exemplo, a presunção de vulnerabilidade ou a criação *ad hoc* de hipóteses de nulidade da cláusula compromissória.

Se a autonomia privada é a manifestação concreta de um direito fundamental, a segurança jurídica também o é.

Não se pode construir uma ponte entre direito nacional e direito transnacional sem o firme alicerçamento dado pela dimensão privada dos direitos fundamentais.7

---

[49] Em síntese: a) se a convenção de arbitragem for oral ou de qualquer modo que seja entendida como não escrita; b) incapacidade das partes; c) invalidade do acordo arbitral segundo os requisitos da *lex arbitri*. Não havendo indicação dessa no pacto, deve-se verificar os requisitos da lei da sede da arbitragem. New York Convention on the Recognition and Enforcement of Foreign Arbitral Awards . 10 jun 1958. Disponível em: <http://www.newyorkconvention.org/>. Acesso em: 15 out. 2017

6 Referências

AKERURST, Michael, MALANCZUK, Peter (org.). Akehurt's modern introduction to internacional law, 17 ed., New York: Routledge, 1997.

AMBOS, Kai. *A parte geral do Direito Penal Internacional*: bases para uma elaboração dogmática, trd. Carlos E. A. Japiassú e Daniel A. Raizman, São Paulo: RT, 2008.

BARZA, Eugênia C. N. Ribeiro, GALVÃO, Jéssyka Maria Nunes. A galáxia lex e a construção de um sistema jurídico transnacional. *Revista de Direito Internacional* v. 15, n. 3, Brasília, 2018, pp. 441-452.

DE OLIVEIRA, Direito Penal Internacional, Estado Constitucional e o problema da mitigação da soberania na persecução dos crimes internacionais próprios. *Revista Quaestio Iuris* v. 11, n. 3, Rio de Janeiro, 2018, pp. 2034-2070.

DE OLIVEIRA, Marcus Vinícius Xavier. Uma leitura freireana do ensino do Direito a partir dos conceitos de classismo e ensino bancário, in DANNER, Leno Francisco et al (Org.). *As diferenças no ensino da Filosofia: reflexões sobre Filosofia e/da Educação*, Porto Alegre: Fi, 2017, pp. 155-172.

DELMAS-MARTY, Mireille. *Por um direito comum*, trd. Maria Ermantina de A. P. Galvão, São Paulo: Martins Fontes, 2004.

DOLINGER, Jacob. Direito Internacional Privado: Parte Geral, 6 ed., Rio de Janeiro: Renovar, 2001.

JESSUP, Phillip C. *Transnational Law*, New Haven: Yale University Press, 1956.

KELSEN, H. Les Rapports des Système entre Droit Interne et Droit International Public. *RCADI*, v. 14, 1926.

KOH, Harold Hongju. Transnational Legal Process. *Nebraska Law Review* v. 75, n. 1, 1996, pp. 181-207.

KOSKENNIEMI, Martti. *Fragmentation of International Law*: difficulties arising from the diversification and the expansion of International Law - Report of the Study Group of the International Law Commission. *INTERNATIONAL LAW COMMISSION*, Fifty-eighth session, Geneva, 1 May-9 June and 3 July-11 August 2006.

KOTZUR, Markus. A Soberania Hoje. Palavras-Chave para um Diálogo Europeu Latino-Americano Sobre um Atributo do

Estado Constitucional Moderno, trd. Marcus V. X. de Oliveira e Gabriel G. de Godói, Revista Quaestio Iuris, Rio de Janeiro, 2012, pp. 1-19.

LIMA, João André. *A Harmonização do Direito Privado*, Brasília: FUNAG, 2008.

MACEDO, Paulo Emílio Borges de, COSTA PINTO, Paulo Edvandro. *Monismo e Dualismo Além dos Tratados*: a internalização das Resoluções do Conselho de Segurança, Revista Quaestio Iuris, 2012, pp. 1-14.

MACEDO, Paulo Emílio Vauthier Borges de, PONTES, Jean Rodrigo Ribeiro de. Hans Kelsen e a Prevalência do Direito Internacional: um lugar para a Grundnorm, in DE OLIVEIRA, Marcus Vinícius Xavier, DANNER, Leno Francisco. *Filosofia do direito e comtemporaneidade*, Porto Alegre: Fi, 2015.

MANGE, Flavia Foz. As características do Direito Transnacional como metodologia: análise sob o enfoque dos aspectos processuais da arbitragem. *Revista de Direito Internacional* vol. 13., n. 3, Brasília, 2016, pp. 126-146.

NEVES, Marcelo. *Transconstitucionalismo*, São Paulo: Martins Fontes, 2009.

PASTOR RIDRUEJO, Jose Antonio. *Curso de derecho internacional público y organizaciones internacionales*, 4 ed., Madri: Tecnos, 1992.

PINTO, Ana Luiza Baccarat da Mota, SKITNEVSKY, Karin Hlavnicka. *Arbitragem nacional e internacional*, Rio de Janeiro: Campus/Elsevier, 2012.

RESTA, Eligio. *O direito fraterno*, trd. Sandra Regina M. Vial, Santa Cruz do Sul: Edunisc, 2004.

TEUBNER, Günther. A Bukovina Global: sobre a emergência de um pluralismo jurídico transnacional. *Revista Impulso* v. 14, tradução de Peter Naumann, Piracicaba, 2003, pp. 9-31

TRIELPEL, H. Le Rapports entre le Droit Interne et le Droit International. *RCADI*, v. 1, 1923.

VAGTS, Detlev F. *Transnational business problems*, New York: The Foundation Press, 1986.

VARELLA, Marcelo. *Direito Internacional Público*, 4 ed., São Paulo: Saraiva, 2012.

WEIL, Prosper. Le droit international em quête de son identité, Cours géneral de droit international public, *RCADI* vol. 237, 1992.

Teoria dos sistemas e transconstitucionalismo entre ordens estatais: do diálogo transversal ao paradoxo da exclusão política

Luciano do Nascimento Silva
Renan Farias Pereira

1. Teoria dos Sistemas Sociais

Com a construção da teoria dos sistemas sociais – de influência da obra de Talcott Parsons[1] –, que representa a iniciativa de elaboração de uma *Teoria Geral da Sociedade*, Luhmann objetiva atingir um aporte universal que possa conceber à teoria uma avançada conexão entre a ideia do micro e do macro no campo sociológico de maneira a alcançar uma definição conceitual singular e de expressão da certeza e precisão. A premissa busca uma análise que traduza cada unidade de contato social como a representação de um sistema. E, fundamentalmente, a construção luhmanniana imprime uma interpretação da Sociologia como sendo a Ciência com legitimidade para realização da descrição dos Sistemas Sociais

Sua construção teórica coloca a teoria dos sistemas como aquela que aportará a Sociologia na qualidade de instrumento de base da formulação de uma *Teoria Geral da Sociedade*. Mais ainda, esta construção rompe com as fronteiras de uma *Teoria Geral da Sociedade* para uma expansão nos campos da Sociologia do Direito, Sociologia da Economia e das Organizações. A construção luhmanniana faz uma incursão extremamente crítica nos clássicos da Sociologia, reformula profundamente as bases da Teoria dos Sistemas Complexos, principalmente aqueles não lineares, com a perspectiva de interação de diversas áreas científicas (física, termodinâmica, biologia molecular, cibernética, informação e comunicação). O conteúdo destas referências teóricas tem no movimento constante o

---

[1] PARSONS, Talcott Edgar Frederick. *The Social System*. (Routledge Sociology Classics). With a New Preface by Bryan S. Turner. Editor: Bryan S. Turner/Routledge – Taylor & Francis Group. London: 1952/2005.

núcleo científico, a construção luhmanniana (na vertente sociológica) vislumbra um mundo social no qual as alterações, as mutações sucedem numa velocidade inimaginável, a ponto de não serem explicadas pelas construções teóricas tradicionais que interpretam no paradigma da ordem o núcleo científico.

A iniciativa de Luhmann comporta duas fases fundamentais: **a)** fase primeira – construção da teoria dos sistemas: indicação temporal dos anos 60 à década de 80 do século passado, com o apontamento da elaboração de uma teoria do sistema funcional-estrutural. Sua principal inovação aparece na substituição de sujeito/objeto por sistema/ambiente; **b)** fase segunda – construção da teoria da *autopoiesis*: surge um esboço de uma construção teórica geral com a introdução de uma nova concepção de sistema social, a partir dos estudos, pesquisas e investigações desenvolvidas no campo da biologia[2]. O pensamento de Luhmann foi elaborar uma teoria geral a partir das seguintes constatações fáticas: **b1)** a existência de um déficit na análise da teoria sociológica moderna/contemporânea; **b2)** a hipercomplexidade da sociedade moderna/contemporânea; **b3)** a ausência de uma teoria social com instrumentos científicos capazes de observação e descrição dos fenômenos sicológicos, a constatação da ineficiência da teoria do saber/conhecimento.

As conclusões, as quais chegou Luhmann, apresentam um ponto

---

[2] A construção teórica de LUHMANN encontra nos estudos da neurobiologia um núcleo científico a ser explorado, principalmente, nos campos da sociologia e do direito. A matriz é a da *Autopoiesis* desenvolvida na ciência biológica, a partir dos anos 70 do século XX, por Humberto Maturana e Francisco Varela (*Autopoiesis and Cognition:* The Realization of the Living Boston Studies in the Philosophy of Science. Paperback, 1991. Também na tradução italiana *Autopoiesi e Cognizione* – La realizzazione del vivente. Traduzione di Alessandra Stragapede. Prefazione di Giorgio De Michelis. Venezia: Marsilio Editori, 1985). Ambos os pesquisadores chilenos, radicados na *Harvard University*, mas principalmente Humberto Maturana, objetivaram elucidar como ocorre o fechamento dos sistemas vivos, isto na perspectiva de redes circulares de produções moleculares. A constatação é a de que as moléculas se produzem com o processo de interação e este processo em rede traduz uma auto-reprodução e especifica os limites da mesma. A afirmação é de que os seres vivos conseguem a manutenção de uma abertura para o fluxo de energia e matéria, isto na perspectiva dos sistemas moleculares. A conclusão, portanto, é de que os seres vivos são espécies de máquinas, com a característica singular de se distinguirem de outras máquinas unicamente pela capacidade de auto-reprodução.

essencial, qual seja, a crítica contundente feita ao pensamento clássico (grego, romano-germânico e iluminista europeu central) e às construções teóricas acerca do conceito de ação. O pensamento de LUHMANN é de que o *conceito de ação* não apresenta a importância que o pensamento clássico lhe reconheceu (Aristóteles, Leibniz, Hobbes e Kant), mas sim o *conceito de comunicação*, pois a *ação* é apenas uma tradução do processo comunicativo iniciado e desenvolvido nas relações sociais. Mas Luhmann vai além, afirma que existe uma incapacidade das concepções sociológicas modernas em realizar a descrição e a ininterrupta mutação da sociedade moderna/contemporânea, tal afirmação encontra três bases legitimadoras: **a)** um inequívoco preconceito humanista; **b)** a existência de um preconceito das unidades ou fronteiras territoriais (estados nacionais); **c)** o histórico preconceito da objetividade do social. Para Luhmann estas bases legitimadoras representam a moldura arcaica de formulações conceituais da tradição do pensamento clássico europeu central, que podem ser identificadas da antropologia à filosofia política[3].

A argumentação é de que estas bases arcaicas tradicionais de concepção da *Sociedade* foram construídas em pressupostos errôneos, o que ocasiona a entrada no campo científico de impedimentos epistemológicos, ou seja, imprimem vedações a um olhar realistamente científico da Sociologia para com o Social, impedem uma análise desenvolvimentista e construtivista radical desta relação. Na moldura analítico-sociológica da teoria moderna da sociedade, Luhamann disseca criticamente os equívocos da Sociologia: **a)** o fator **humanista** – a construção sociológica pressupõe que a sociedade é uma reunião de pessoas ou uma constituição traduzida nas relações entre as pessoas. A formulação da teoria da sociedade teria, portanto, que conjugar a pessoa humana (individual) e a humanidade (coletivo) no campo das relações interativas para se poder formular uma definição da *Sociedade*. Por esta concepção, as pessoas (individual) somente poderiam ser consideradas partes dos sistemas sociais, com a implicação do processo multiplicador da humanidade (coletivo) que formataria definitivamente a teoria da

---

[3] Para um aprofundamento das questões intituladas por Luhmann como *preconceitos* construídos pela sociologia clássica europeia para explicar a teoria da sociedade, veja-se DE GIORGI, Raffaele. LUHMANN, Niklas. *Teoria della Società*. Milano : Franco Angeli, 1999.

sociedade nas suas particularidades; **b)** o fator das **unidades territoriais** – a construção da teoria da sociedade parte da premissa da existência de uma multiplicidade de fronteiras territoriais (unidades regionais), portanto, a sociedade teria como fronteiras as estipulações políticas e territoriais. No entanto, segundo Luhmann, a sociologia não tem como construir ciência sociológica por via da geografia, o que implicaria num reconhecimento do paradigma territorial fundado pela diferença (questões internas) na sociedade, porém não entre elas, **c)** o fator da objetividade social – é responsável pelo emergir da diferenciação clássico-sociológica entre sujeito/objeto, representação conteudista da teoria do conhecimento construída pelo pensamento greco, romano-germânico e moderno iluminista, o que ocasionou a maior de todas as implicações (comprometimento sociológico) para a teoria da sociedade, que é reconhecer a sociedade como um objeto que recebe a descrição (olhar do observador) objetiva por via do fenômeno do sujeito.

Opondo-se a toda esta construção sociológica clássica, histórica e cultural do mundo ocidental, Luhmann elabora sua arquitetura no plano de uma perspectiva geral, a sua teoria sistêmica objetiva imprimir uma nova e singular visão sobre a *Teoria da Sociedade*. A sua construção de Teoria dos Sistemas Sociais surge para explicar a *Teoria da Sociedade Moderna*. A formulação da teoria dos sistemas sociais de Luhmann se apropria da construção lógica operativa de George Spencer Brown[4] (1979), do pensamento do construtivismo radical e da cibernética. A metodologia utilizada por LUHMANN foi tratar os temas de maneira sumária para alcançar um delineamento do esboço e da estrutura conceitual da *Teoria dos Sistemas*, que se encarregará de explicar a *Teoria da Sociedade Moderna*. A metodologia que levou Luhmann a aperfeiçoar a conceituação da *Teoria dos Sistemas*, mais a frente o levará a novas conceituações, p. ex., os trabalhos científicos intitulados *A Economia da Sociedade*[5] (1988), *A Ciência da Sociedade*[6] (1990), *Sociologia do Risco*[7] (1991), *O Direito da Sociedade*[8] (1993) e *A*

---

[4] *Laws of Form*. New York: Dutton, 1979. Na tradução alemã *Gesetze der form* (German translation). Lübeck: Bohmeier Verlag, 1997.

[5] *Die Wirtschaft der Gesellschaft*. Suhrkamp-Taschenbuch-Wissenschaft,1988.

[6] *Die Wissenschaft der Gesellschaft*. Frankfurt/am Main.: Suhrkamp, 1990.

[7] *Soziologie des Risikos*. Berlim/New York: Walter de Gruyter, 1991.

[8] *Das Recht der Gesellschaft*. Suhrkamp-Taschenbuch-Wissenschaft,1993.

Arte da Sociedade[9] (1995).

Na formulação da *Teoria dos Sistemas Sociais*, de plano, Luhmann já informa que as principais características da *Sociedade Moderna* são: a complexidade, a diferenciação social e a formação de sistema. O que, de idêntica forma, já anuncia que a *Teoria dos Sistemas* e a *Teoria da Sociedade* luhmannianas são mutuamente dependentes. A sociedade, portanto, não é a representação do processo de união e das interações sociais, mas sim um sistema de tradução de uma ordem bem mais complexa determinada pela diferenciação funcional entre sistema e ambiente, e não sujeito e objeto. O pensamento de Luhmann é de que a Sociologia, no que se refere a concepção científica, só esboça legitimidade como *Teoria da Sociedade*. A crítica de Luhmann à sociologia é contundente, ao afirmar que tanto a Ciência quanto a Sociedade representam unicamente uma expressão da realidade social, premissa não reconhecida pela sociologia. A sociedade não é um objeto de investigação da sociologia, a sociedade e todo seu sentido operacional são a condição essencial de uma possibilidade própria da cognição social. O que significa, por outras palavras, que a sociologia se traduz por um sujeito que exerce a função de pensar a sociedade reflexivamente, o que vem espelhar uma transferência da concepção de estrutura do modo de operação auto-referencial do sujeito para a teoria dos sistemas sociais. O que pode ser perfeitamente percebido na teoria dos sistemas sociais luhmanniana é a ideia afirmativa de uma concepção de sociedade radicalmente diversa daquele modelo europeu central humano-iluminista, uma sociedade não onto-antropológica e afirmativamente construtivista radical.

A *Teoria dos Sistemas Sociais*, que objetiva explicar a *Teoria da Sociedade Moderna*, que em função das reformulações impressas por Luhmann como, p. ex., a substituição do conceito de sujeito, a transferência da diferenciação sujeito/objeto para a distinção entre sistema/ambiente, caracteriza-se como matriz de uma teoria pós-ontológica da sociedade, que renuncia há pelo menos dois milênios de processo civilizacional europeu, com a ambição de se revelar uma teoria universal da sociedade. Mais ainda, sua singularidade pode ser identificada na sua raiz naturalística, empírica e de modelo da observação. Então, para explicar – por intermédio da *Teoria dos Sistemas Sociais* – a *Teoria da Sociedade Moderna*, Luhmann vai sustentar

---

[9] ***Die Kunst der Gesellschaft.*** Frankfurt am Main : Suhrkamp,1995.

que esta apresenta: **a)** o fenômeno da **complexidade** – que na sua descrição significa o conjunto das múltiplas possibilidades de ações e vivências que o processo de comunicação faz surgir no mundo. Esta complexidade deve ser simplificada e a função de fazê-lo fica sob a égide da sociologia moderna, pois esta deve assumir o papel de proporcionar ao homem uma forma de vida equilibrada. O que significa dizer que esta problemática deve ser interpretada como a referência dos sistemas sociais; **b)** o apontamento da **diferenciação funcional** – emerge para afirmar a existência dos subsistemas da sociedade (direito, economia, política, religião, arte), estes se diferenciam internamente, na sua própria estrutura, pelos seus próprios elementos (direito civil, penal, constitucional, tributário). A lição é de que aqui se identifica a principal diferença das sociedades modernas em relação às antigas e arcaicas, que sempre se construíram pelo processo metodológico da hierarquização. A característica da sociedade é a negação do processo hierárquico e a afirmação do processo das funções diferenciadas, que são em última análise a tradução do fenômeno da complexidade; **c)** a característica inerente da **formação de sistema** – para além da complexidade e diferenciação social ou funcional, a construção teórica luhmanniana informa sobre a característica de formação de sistema da sociedade moderna. E um elemento fundamental para a formação de sistema é a contingência, mais além, a dupla contingência. O elemento contingência pode inclusive se revelar como fenômeno indecifrável, o processo de comunicação nas relações sociais que faz surgir a contingência (*expectativas cognitivas* e *expectativas normativas*) nem sempre pode revelar suas razões. E, finalmente, também o elemento sentido é condição da possibilidade da formação de sistema.

As investigações de LUHMANN, portanto, lhe proporcionaram elaborar um desenho aperfeiçoado da *Teoria dos Sistemas Sociais*. O desenho não é senão estabelecer o processo de diferenciação funcional, que se constrói entre sistema e ambiente. A tradução do termo sistema é processo em série que revela eventos inter-relacionados de natureza operacional (seres vivos/processos fisiológicos – sistemas psíquicos/processos de ideias – relações sociais/comunicações). A construção conceitual de sistema elaborada por LUHMANN é fundamentalmente relacional. O que significa dizer que a identificação da fronteira constitutiva do sistema é que permite informar sobre a distinção interna e externa. A operação de um sistema reproduz essa fronteira funcionalmente, pois faz aparecer uma rede complexa de operações que se funcionalizam simultaneamente de forma a proporcionar ao sistema unidade e identidade, portanto, a conceituação de fronteira do sistema não é espacial e sim operacional. O magistério final informativo requer a compreensão de que os sistemas não são capazes de transcenderem, ultrapassarem, irem além de suas próprias fronteiras.

O *designer* de proposição teórica dos sistemas sociais de LUHMANN propõe uma inovada teoria *funcional-estrutural*, a matriz coloca o conceito de *função* a frente da definição de *estrutura*, pois vai ser a função a desvendar toda a justificativa da estrutura(s) do sistema(s), incluindo a própria formação do(s) sistema(s). No entanto, há um elemento central que é identificado na *complexidade*, pois esta é a principal e inegável característica da sociedade moderna. A complexidade, portanto, será o alvo sob o olhar da sociologia que tem a função de minimizá-la para que o homem não viva sob o espectro de uma vida rodeada de riscos[10]. Todo o processo informa que a minimização da complexidade é a unidade referencial do(s) sistema(s). No caso dos sistemas sociais – assim como em todos os outros sistemas e subsistemas –, pela sua própria formação, o que ocorre é um processo seletivo das possibilidades de operação no método da inclusão/exclusão, sendo que a(s) possibilidade(s) excluída(s) continua como oportunidade de processamento do sistema. O teorema sociológico seria o seguinte: diferenciação + ambiente externo = todas as possibilidades / diferenciação + ambiente interno = seleção das possibilidades.

E assim se tem o que LUHMANN chamou de sistema complexo, já que o mesmo informa sua composição por partes e subsistemas que estão continuamente (por via de elementos e estrutura) em operação, porém sendo impossível a conjugação por completa de uns com os outros. O resultado, portanto, do processo de operação (necessidade de seleção) é a produção de uma seletividade de tudo que fora processado. E o elemento complexidade, que é o elemento central, é o responsável pela

---

[10] Para uma pesquisa detalhada acerca da teoria do risco, à luz do pensamento do autor, veja-se LUHMANN, Niklas. *Sociologie des Risikos*. Walter de Gruyter & Co., Berlin, 1991. Também na traduação italiana: *Sociologia del Rischio*. Traduzione di GIANCARLO CORSI. Milano : Edizioni Scolastiche Bruno Mondori, 1996.

medição da capacidade do sistema de aceitar/recusar possibilidades operativas no seu interior. O sistema caracteriza-se assim como o mediador da hipercomplexidade do ambiente (mundo social) e capacidade humana (individual/coletiva) de compreender as possibilidades (múltiplas formas) de produção de modelos de relações sociais. O ponto capital é o de que o processo de seleção das possibilidades não se dá de forma arbitrária, o processamento obedece a um *sentido* ("Sinnsysteme)[11] que cumpre a função de distinguir entre as diversas possibilidades seletivas possíveis. A partir da ideia de *sentido* surge uma questão crucial para o sistema que se refere as suas viabilidades, que é a questão das *fronteiras*. A formulação de LUHMANN foi de que a possibilidade de minimização da complexidade só é possível mediante a política (procedimento) de «transposição de problemas» e a «dupla seletividade». A primeira assume a função de transformar a complexidade do ambiente (mundo social) em problemas específicos do sistema; enquanto a segunda, cumpre a função de ordenação de todo esse espaço de complexidade pelo método de códigos, fundamentalmente códigos comunicativos.

A *Teoria dos Sistemas Sociais* que explica a *Teoria da Sociedade Moderna*, interpreta esta como um sistema de comunicação. Mais ainda, como o mais expansivo dentre todos os sistemas comunicativos. A sociedade é o mais abrangente ambiente de ações comunicativas. Um ambiente fechado de reprodução (*autopoiesis*) da comunicação, pois a produção comunicativa não se dirige ao ambiente, o que faz LUHMANN negar as formulações sociológicas sobre o protagonismo exercido pelo conceito de *ação*, já que a *ação* em todas as suas formulações clássicas é colocada como a tradução

---

[11] A ideia formulada por LUHMANN é de que os sistemas sociais são essencialmente «sistemas de sentido». A etimologia da expressão alemã (*deustche*) «Sinn – algo que faz sentido/produz sentido». O *sentido*, portanto, assume a função de realizar o processamento da seleção das possibilidades de experiências comunicativas (relações sociais) e no cumprimento da minimização da complexidade do ambiente. O magistério sociológico de LUHMANN informa que a relação *ambiente/sistema* é indecifrável, a produção de comunicação que gera as relações sociais (experiência e complexidade) se apresenta como um teorema não resolvido, é imprevisível, tendo apenas como instrumento de registro o fator *memória*, que se caracteriza como estrutura técnica do «sentido». O que, por outras palavras, significa a transformação do «caos» em «ordem».

do processo participativo do homem no sistema social. O processo de comunicação – que exerce o protagonismo nas relações sociais – se auto-reproduz e produz novas comunicações. A inovação fundamental é que o *Homem* não faz parte da sociedade, ele não está inserido (dentro) na sociedade, o *Homem* faz parte do ambiente. E outro ponto, a *Sociedade* não se constitui pela totalidade das relações mantidas pelos homens, mas sim essencialmente pelo processo de comunicação, o que resulta numa separação de implicações ontológicas entre *Homem* e *Sociedade*.

A concepção formulada por LUHMANN fez eclodir um processo crítico em série, sua análise da sociedade se tornou incompreensível aos olhos da crítica, o que fez surgirem argumentos de que sua teorização («sociedade sem pessoas») seria a tradução de um pensamento anti-humanista[12]. A sua concepção trifásica informa que: **primeiro**, a sociedade não se constitui de pessoas, o que é possível sociologicamente é demonstrar que as pessoas pertencem ao ambiente da sociedade; **segundo**, a sociedade é sim um sistema fechado de comunicação de matriz da *autopoiesis*, produz e reproduz comunicação em nível incalculável; **terceiro**, a sociedade não pode ser compreendida pelo paradigma territorial, a sua adequada compreensão somente pode se dá como sociedade mundial. A formulação descentralizadora do *Homem* para o ambiente da

---

[12] O pensamento crítico que acusa LUHMANN de ser o autor de uma teoria sociológica da sociedade moderna caracterizada pela negação ontológica, antropológica e humano-iluminista, a ponto de afirmar que LUHMANN construiu uma teoria *anti-humanista* da sociedade, somente pode ser interpretado como a crítica da "cegueira". Por um lado, essa crítica não consegue vislumbrar a possibilidade do esgotamento de um paradigma científico, que é o do pensamento clássico europeu central, o pensamento da antiga Europa; por outro, a crítica não tem a capacidade de compreender que a construção sociológica funcional-estruturalista radical de LUHMANN que posiciona o *Homem/Indivíduo* no ambiente da *Sociedade*, que tem na *Comunicação* a tradução da principal característica dos sistemas sociais e, portanto, da *Sociedade*, não pode ser compreendida como uma teoria sociológica *anti-humanista* por um fator fundamental, qual seja, somente o *Homem/Indivíduo* tem capacidade de produzir *Comunicação*, nenhum outro ser vivo (do ponto de vista dos processos civilizacionais) é possuirdor da capacidade comunicativa-cultural, portanto, não é possível traduzir a teoria como concepção sociológica *anti-humanista*. A questão central é que LUHMANN reformulou – de forma a afirmar que se trata de um erro histórico das construções sociológicas clássicas – o papel do *Homem/Indivíduo* para a sua concepção sociológica da *Teoria dos Sistemas Sociais* que objetiva explicar a *Teoria da Sociedade Moderna*.

sociedade representa a ruptura com o pensamento clássico europeu humanista, iluminista e da renascença. A formulação sociológica de LUHMANN cria o *homo socialis*, que não vai corroborar elementos sociológicos clássicos do modelo europeu renascentista como, p. ex., razão, consciência, sentimento. Para LUHMANN a *Sociedade* é uma ordem de comunicação *sui generis*, não pode ser interpretada e compreendida pela sociologia em termos ontoantropológicos. A sociedade é, portanto, uma ordem que pelos seus elementos e estrutura realiza o processo redutivo e minimizador das relações comunicativas, transforma o incalculável em calculável como tradução do processamento da complexidade comunicativa, que inicialmente se apresentava como improcessável.

Sua formulação sociológica, em outro nível, quer provocar novas iniciativas de investigação sobre a humanidade, sobre o paradigma iluminista da razão e consciência, sobre o processo funcional da capacidade cognitiva humana, tendo como base o empirismo natural. Sua tese separatista («sistemas sociais/sistemas da sociedade»/ «sistemas físicos/homem-humanidade) traduz a funcionalidade operativa de ambos como sistemas da *autopoiesis*, sendo que um tem sua operação com base na *consciência* e o outro na *comunicação*. A *Sociedade*, portanto, é a representação da totalidade do sistema social, por outras palavras, a *Sociedade* é tudo que é social, ou seja não existe nada social fora da *Sociedade*. Trata-se de um sistema que si «auto-observa» e si «auto-descreve», para sua observação e descrição não se faz necessário um «observador externo», a *Sociedade* é o observador de si própria. A *Sociedade* seria, portanto, o *Sistema* dos sistemas sociais. E se autofuncionaliza pela *diferenciação*, sempre traduzida por dois lados: **a)** o próprio sistema – que é o lado interno da diferenciação; **b)** o ambiente – que é o lado externo da diferenciação. A união de ambos os lados representa a diferenciação em sua totalidade. E o ambiente, assim como o sistema, apresenta-se como indispensável para a dualidade da diferenciação. E o conceito de diferenciação é baseado no processo de distinção entre sistema e ambiente.

A formulação sociológica da *Sociedade* como sistema dos sistemas sociais, fez LUHMANN afirmar que o sistema não vive em função da ebolição da vida do ambiente, isto ocorre com todos os sistemas, portanto, a *Sociedade* como sistema de comunicação está englobada. Esta conclusão leva a uma outra, qual seja, a conclusão de que em face do ambiente não influir no sistema faz surgir como consequência lógica o fechamento do sistema. Explicação: a constatação de que o ambiente não fornece contribuição ao sistema, implica afirmar que o ambiente não influencia o processo de operação seletiva e de reprodução do sistema, assim como o próprio sistema – pela caracterização de reprodução, auto-reprodução, auto-referência e reflexividade – não tem ferramentas para operar no ambiente. Por esta explicação, temos assim um desenho melhormente esboçado da teoria sociológica luhmanniana dos sistemas sociais como matriz da *Autopoiesis*.

Para minúsculas conclusões, não se pode deixar de analisar o elemento *Comunicação*. A formulação é que a sociedade é um sistema de comunicação. As construções sociológicas clássicas em nenhum momento vislumbraram tal possibilidade, aqui uma ruptura epistemológica. A *Sociedade* é, portanto, constituída por operações comunicativas sociais constitutivas de realidades e sentidos que levam a outras comunicações num processo ininterrupto. A interação de comunicações, ordenada pelo processo funcional-estrutural de diferenciação e seletividade, dá origem aos sistemas, ocasionando a produção de uma diferenciação com o ambiente. O elemento *Comunicação* é, portanto, responsável pela construção do pensamento do sistema social como sistema da *Autopoiesis*. Nos sistemas sociais, produção e reprodução ocorrem por meio da comunicação. E não há de se confundir *Comunicação* com *Consciência*. A primeira é o elemento pelo qual se dá a produção de mensagens, códigos etc.; enquanto a segunda é a matriz da produção de ideias, pensamentos etc. E a união de *Comunicação* e *Consciência* resulta num processo linguístico, na produção da *Linguagem* materializada nas relações sociais. Mas se deve atentar que o processo de união entre *Comunicação* e *Consciência* é improvável, assim como entre *Sociedade* e *Homem*. Na verdade, o processo de interação (união/acoplamento) produz um código dual de inclusão/exclusão no ambiente dos sistemas sociais. A comunicação enerva a formação da consciência, esta por sua vez enerva a estabilidade da sociedade.

Para LUHMANN os sistemas sociais são constituídos de comunicação, ele passa a elaborar um conceito sociológico de comunicação, este responsável por quaisquer tipos de interação no ambiente dos sistemas sociais. Os sistemas sociais como realidade sociológica só são possíveis por que existe o processo de comunicação[13]. A ideia de LUHMANN é de que a comunicação constitui a *Sociedade*, está dentro dela; enquanto o *Homem*, não forma a sociedade, é incompatível com ela, está fora dela. Apresenta-se aqui uma ruptura epistemológica jamais imaginada pelas construções sociológicas clássicas europeias centrais. Sua preocupação, portanto, passa a ser o fornecimento de uma explicação acerca das origens da *Ação Social* e da *Sociabilidade Humana*. Trata-se da crítica ao conceito clássico de Sociabilidade («Sozialität»)[14], em que ele vai negar a sociabilidade como categoria de ação. E sim afirmar que a *Ação* é constituída, no ambiente dos sistemas sociais, por meio da *Comunicação*. O processo comunicativo é, portanto, traduzido em ação, recebe o qualificador de elemento minimizador e reducionista da complexidade do sistema.

A comunicação é um processo singular (*sui generis*) que faz da sociedade um sistema da *autopoiesis*, a relação comunicação e sociedade é a expressão de um processo circular. A comunicação não explica o mundo, este apenas é classificado pela comunicação. A comunicação tem a função de materializar o processo de diferenciação, a produção das diferenças que iriam alimentar novas produções comunicativas, contribuindo assim para a fixação (processo de estabilização) dos limites fronteiriços do sistema. A comunicação somente pode ser compreendida como **informação**, **mensagem** e **compreensão**. Elementos da comunicação que traduzirão a *Sociedade* como sistema autopoiético, referencial e fechado. A sociedade é simplesmente comunicação em curso.

No entanto, todo este processo faz com que a *Sociedade* possa emergir, processo protagonizado pelos elementos dos sistemas sociais e não pela estrutura dos sistemas. O contributo da estrutura dos sistemas é reduzido ao campo da negociação dos acordos comunicativos e sua ininterrupta revisão. A estrutura vai proporcionar a organização das ações no plano das possibilidades. Daí surge a **informação** que vai intermediar o processo reflexivo. Para LUHMANN, o processo de comunicação não se traduz por uma composição, pelo contrário, a comunicação é decomposta em ações, é processo comunicativo de decomposição. Os sistemas sociais e a sociedade, portanto, não se constituem por ações, as ações são a

---

[13] *Soziale Systeme*: Grundriß einer allgemeinen Theorie…, op., cit., p. 193
[14] *Soziale Systeme*: Grundriß einer allgemeinen Theorie…, op., cit., p. 191

representação do processo de decomposição dos sistemas (social e sociedade), elas funcionam como aberturas para um processo incalculável de produção de comunicação. Os esforços de LUHMANN foram no sentido de deslegitimar a metáfora do processo de transmissão de informação, pois por este processo metafórico o transmissor faz a entrega de algo ao endereçado. Segundo LUHMANN o transmissor (remetente) não pode entregar algo por que irá perder o que entrega ao endereçado (destinatário), existe a partir daqui uma reformulação do conceito de comunicação. Na ideia de LUHMANN a **mensagem** somente pode ser interpretada como *sugestão* ou *incitação*, de forma que a comunicação somente passa a existir quando a *sugestão/incitação* for acolhida, quando transformada numa *excitação*. A comunicação é, portanto, um processo seletivo, o que significa dizer que em todo o processo existem: **transmissão, recepção e seletividade da informação**. Portanto, pode-se afirmar que a **informação** corresponde ao conteúdo e a novidade na comunicação; enquanto a **mensagem** corresponde a forma e expansão de códigos comunicativos. Conclusivamente se chega a ideia de que as mensagens que não correspondem a novidades não são submetidas ao processo de seleção. Por último, a **compreensão**, que recebe da construção luhmanniana da comunicação o qualificador de elemento realizador do processo de comunicação[15].

2. As bases do Transconstitucionalismo: Da Constituição Transversal à Conversação entre Sistemas Jurídicos

As bases do transconstitucionalismo partiram dos estudos elaborados por Marcelo Neves. Com uma matriz ligada em parte à Teoria Luhmanniana dos Sistemas, Neves parte do pressuposto de que o aumento da complexidade social ocasionou o surgimento de

---

[15] O processo teórico da comunicação elaborado por LUHMANN ainda vislumbra a possibilidade de uma «meta-comunicação», pois como LUHMANN parte da matriz da *autopoiesis* de forma a conceber a comunicação como auto-referente e reflexiva, surge a possibilidade de comunicação da comunicação. O que a construção luhmanniana quer enfatizar é a lição sociológico-comunicativa de que no processo de comunicação nem sempre tudo é comunicado, pois ao nível meta-comunicativo busca-se identificar tanto o sucesso quanto o fracasso da comunicação, isto pelo último de seus elementos, a compreensão (*Soziale Systeme*: Grundriß einer allgemeinen Theorie…, op., cit., pp. 211-12).

uma pretensão autônoma das esferas de comunicação[16]. A partir dessa dinâmica, vários centros passaram a compor a sociedade nos mais diversos âmbitos de comunicação.

Entretanto, conforme o próprio autor afirma, a sociedade moderna surge como uma sociedade mundial, desvinculando-se das organizações políticas territoriais, mesmo que estejam na forma de Estados. Diante dessa percepção, a formação da sociedade em uma perspectiva unitária abarcaria uma pluralidade de âmbitos de comunicação que ao mesmo tempo em que divergem, se complementam[17].

A partir da leitura de Luhmann, sobretudo do que concerne ao acoplamento estrutural, a imprescindibilidade de um vínculo estrutural para conectar esses sistemas autônomos se faz necessário na percepção de Neves. Utilizando-se dos conceitos Luhmannianos, o acoplamento operativo teria como função proporcionar interinfluências entre os sistemas sociais, filtrando-as e instigando a troca entre eles, de maneira a manter um equilíbrio da autonomia individual de cada sistema.

Entretanto, o acoplamento operativo está aliado a outro conceito que Neves interpreta de Welsch: a razão transversal. Essa razão cuida de entrelaçamentos que funcionam como "pontes de transição" entre heterogêneos[18]. Partindo desse pressuposto, caberia à justiça intervir entre as formas particulares de racionalidade, corrigindo-as, com a finalidade de impedir exclusões e totalizações, o que favoreceria o intercâmbio entre conflitos.

É bem verdade que Neves questiona a concepção de Welsch, sobretudo no que concerce à chamada sociedade mundial multicêntrica. Isso ocorreria da leitura de Luhmann, pois entende que partindo-se da comunicação, no momento de uma conexão, há o desenvolvimento de mecanismos próprios e estáveis tanto para o aprendizado como para o exercício de influência.

Uma das preocupações do pensamento de Neves é – justamente – a chamada corrupção sistêmica. Analisando o lado negativo do acopamento estrutural, vislumbra-se na posição apresentada que existe a possibilidade de um sistema corromper as regras do outro

---

[16] NEVES, Marcelo. Transconstitucionalismo. São Paulo: WMF Martins Fonte, 2009, p. 23.

[17] Ibid., p.26

[18] Ibid, p.39.

sistema. Ou seja, no exemplo em que o sistema econômico – com seu código binário "ter/não ter" – interfere nas regras eleitorais e democráticas, ocorre a corrupção dos códigos do sistema político, impondo a este a capacidade de reagir[19].

Nesse sentido, a existência do acoplamento estrutural não incide inevitavelmente na existência da racionalidade transversal. Enquanto o primeito tem como função a garantia das autonomias dos sistemas, o segundo serve para o intercâmbio e aprendizado recíproco de forma que os sistemas realizem comunicações das complexidades ordenadas.

A partir dessa base teórica, surge a concepção da Constituição Transversal. O conceito também parte do pressuposto luhmanniano da Teoria dos Sistemas, sobretudo quando concebe a Constituição como fruto do acoplamento estrutural entre Direito e Política. A percepção empreendida como fundamento da Constituição Transversal é pressuposta pelas noções de Estado de Direito e Direitos Fundamentais, sobretudo porque sem a existência da democracia, ambos não encontrarão formas de concretização. Isso é entendido – sobretudo – porque a exclusão política interrompe a concretização dos princípios da legalidade e igualdade, consubstanciando-se como "ditaduta da maioria"[20].

Isso não implicaria, necessariamente, em uma mera conexão entre os sistemas. Na verdade, o entrelaçamento – nesses termos – da política e do direito implicaria necessariamente em observações recíprocas. A compreensão, em contraponto às concepções luhmannianas, é a de que a adequação social do direito não poderia ser resultado tão somente de pretensões particulares, mas a potencialidade de convivência com os demais sistemas, desde que não tenha por consequência a destruição dos demais subsistemas.

Convém ressaltar que na tese do Transconstitucionalismo não se refere à racionalidade transversal como um processo que apenas ocorreu dentro de um contexto de sociedade mundial multicêntrica. Ao contrário, mesmo nas Constituições modernas se concebe a ideia de que ocorreu a racionalidade transversal entre os sistemas jurídico e político. A amplitude internacional desse processo, adveio, portanto, dos novos problemas comuns às diversas ordens, bem como a formação de ordens transnacionais e supranacionais.

---

[19] Ibid, p.42-43.
[20] Ibid, p. 57-58

Tendo em vista que o propósito do presente artigo é analisar o Transconstitucionalismo entre as ordens estatais, apontando supostas complexidades e paradoxos de sua concretização, sobretudo no que concene aos Direitos Humanos, não se traduz viável demais comentários acerca de modelos transconstitucionais de diversas ordens internacionais, muito embora o brilhantismo da construção de Neves.

Entretanto, para chegar a este direcionamento, urge analisar ainda o Transconstitucionalismo entre ordens jurídicas, visto que a tese delineia formas de relação entre ordens jurídicas diferenciadas. Dentro dessa percepção, em um mesmo sistema são proliferadas ordens jurídicas que embora se subordinam a um mesmo código binário, são diferenciadas de tal forma que possuem as suas próprias operações.

Como o sistema jurídico ele é multicêntrico[21], existe uma relação em que o seu centro implica a periferia dos demais sistemas. Diante dessa perspectiva, o poder judiciário brasileiro enquanto centro de um sistema jurídico coloca na periferia o poder judiciário das demais ordens externas. Essa relação seria – portanto – mútua, implicando em observações e desenvolvimento de aprendizado por meio da comunicação. Neves batiza esse processo de "fertilização constitucional cruzada", visto que a utilização de decisões alheias ao próprio sistema como argumento de autoridade ou como persuasão favorece a construção de um sistema de aprendizado entre as cortes.

Pelo Transconstitucionalismo não se exclui a existência de problemas sem solução entre as ordens jurídicas. Além disso, não existe possibilidade de exclusão definitiva das tentativas de imperialismo das ordens envolvidas na conversação transversal. Não obstante, para o seu criador, seria o método mais hábil para organizar respostas aos problemas constitucionais emergidos na sociedade atual.

Quando se refere ao modelo de Transconstitucionalismo entre ordens jurídicas estatais, Marcelo Neves apresenta um quadro em que os estados promovem um diálogo constitucional na forma de referências recíprocas às decisões de tribunais de outros estados. Ou seja, em matérias constitucionais, as cortes vêm adotando decisões de outros tribunais como elementos estruturais para a construção da

---

[21] Ibid, p. 115-116

sua decisão[22].

No caso brasileiro, o Transconstitucionalismo seria desenvolvido no âmbito do STF no âmbito dos direitos fundamentais, por meio da invocação de jurisprudência estrangeira inclusive nas ementas dos acórdãos, integrando as razões de decidir dos ministros. Isso não pode significar – entretanto – que a utilização de jurisprudências externas implique colinialismo jurídico, mas necessariamente a uma posição de diálogo. Conforme os próprios termos de Neves, "o ponto de partida do transconstitucionalismo não é a negação, mas sim a abertura dos constitucionalismos estatais para outras ordens jurídicas, seja do mesmo tipo ou de espécie diversa"[23].

3. Os paradoxos do Transconstitucionalismo sob a ótica da Teoria dos Sistemas: a exclusão do Sistema Político

Confome apontado no primeiro item do tópico anterior, a sociedade moderna é formada essencialmente por comunicação. É por meio dela que são formados os subsistemas, que se caracterizam por uma funcionaçidade própria e um código único. O sistema político é formado pelo binômio poder/não poder, o que proporciona a produção de elementos próprios. Em contrapartida, o sistema jurídico está caracterizado pelo código binário lícito/ilícito.

Embora os sistemas sejam operacionalmente fechados, cognitvamente eles são abertos. É – portanto – por meio do acoplamento operativo que as ligações entre as estruturas do sistema são realizadas. Nesses termos, os sistemas realizam comunicação entre si, de forma a adaptar-se às informações recebidas do entorno (ambiente).

Diante dessa situação, tem-se que a Constituição moderna é um clássico exemplo de acoplamento estrutural entre os sistemas político e jurídico. Conforme o próprio Neves admite, a "Constituição fecha o sistema jurídico e o povo fecha o sistema político"[24]. Nessa perspectiva, os sistemas jurídico e político acoplados possibilitam a troca de influências, ao mesmo tempo em que as filtra.

Assim, enquanto o sistema jurídico realiza processos de inclusão

---

[22] Ibid, p. 171.

[23] Ibid, p. 187.

[24] Ibid, p. 62

e exclusão – na medida em que apresenta uma resposta à autorreferência do sistema político; o sistema político igualmente realiza o mesmo processo – na medida em que apresenta respostas políticas às comunicações autorreferenciais do sistema jurídico[25].

Ou seja, pela apresentação dos conceitos que servem de pressupostos para a formação do constitucionalismo moderno, o sistema jurídico não pode ser encarado como único e soberano. Ao contrário, a Constituição passará necessariamente pelo acoplamento entre Direito e Política. Não obstante, quando se analisa o Transconstitucionalismo, se observa tão somente a participação do sistema jurídico como o único capaz de promover essa virada na observação da Constituição, dos Sistemas Sociais e da Sociedade como um todo. É exatamente nesse ponto que reside, de forma propedêutica, os primeiros indícios dos paradoxos que o próprio Transconstitucionalimo impõe.

Não se está defendendo – na presente análise – a descontinuidade da proposta apresentada. Ao contrário, de uma forma ideal, seria apropriado o estabelecimento de diálogos entre cortes com problemas constitucionais comuns, de forma a trocar experiências por meio da racionalidade transversal. Entretanto, do ponto de vista operacional, não é possível vislumbrar a concretização desse diálogo pelos mesmos motivos que eventualmente levam ao que Neves adjetiva de "lado negativo do acomplamento estrutural": a corrupção sistêmica.

Isso acontece, sobretudo, porque existirá – dentro do diálogo entre um ou mais centros – uma tentativa de colonialismo de um lado para o outro. Sempre que existir uma relação de troca, cada lado terá suas próprias convicções e operações, existindo mais a tentativa de influir do que ser influenciado. Essas relações contrapostas não irão se anular, sobretudo porque em algum momento um dos intelocutores haverá de se sobressair.

Aliás, saliente-se, que esta é uma postura inclusive do próprio Transconstitucionalismo, quando se depara com ordens que estão contrárias à adoção do diálogo constitucional. Ora, Neves apresenta um quadro em que para o desenvolvimento de sua tese se faz necessária a presença de regras de organização acerca dos problemas

---

[25] LIMA, Fernando Rister Sousa. Constituição Federal: Acoplamento Estrutural entre os Sistema Político e Jurídico. Revista Direito Público, n. 32 – Mar-Abr/2010. p.20.

mais elementares do constitucionalismo. Admite, ainda, que existem ordens que não estão dispostas a colaborar com o Transconstitucionalismo por desconhecimento dos direitos fundamentais e humanos. Reconhece que essa problema parte da rejeição da Constituição em sentido moderno e que em face desse tipo de ordem jurídica, a alternativa a ser adotada seria uma "postura bélica à ordem inimiga do transconstitucionalismo"[26], cujos efeitos poderiam ser prejudiciais.

O que seria, portanto, uma postura bélica senão uma tentativa colonialista de impor um diálogo? Como seria – portanto – transpor uma barreira de ordens jurídicas de forma beligerante em que uma ordem tecnicamente inferior, tendo em vista que ao Transconstitucionalismo cabe interferir diretamente, seria influenciada de maneira forçosa[27].

Utilizando-se do gancho dos Direitos Humanos, que são caracterizados dentro da teoria dos sistemas como expectativas normativas de inclusão das pessoas na sociedade (cognitivamente), com um acesso dito por universal[28]. No ano de 2020, surgiram notícias de que os Estados Unidos vêm articulando uma proposta para reestruturação do sentido e da abrangência dos Direitos Humanos em nível mundial[29].

A proposta acima delineada vem causando o temor, em razão da possibilidade de enfraquecimento da Declaração Universal dos Direitos Humanos, sobretudo no que concerne aos grupos mais excluídos da sociedade. O Brasil, inclusive, no pós-2018, vem alimentando o discurso de restrição de direitos a negros, homossexuais, mulheres e demais grupos que conquistaram paulatinamente determinadas garantias de inclusão.

Obviamente que até o fechamento do presente trabalho as propostas em âmbito internacional não foram aprovadas. Não obstante, em âmbito estatal, algumas medidas de natureza

---

[26] Ibid, p. 130

[27] Utiliza-se a expressão "forçosa" em razão da utilização do termo "bélico" por Marcelo Neves.

[28] Conceituação genérica utilizada a partir do sentido que é atribuído aos Direitos Humanos, não levando em consideração o Paradoxo dos Direitos Humanos apresentados por Luhmann.

[29] Disponível em: <https://noticias.uol.com.br/colunas/jamil-chade/2020/02/18/eua-redefinirao-direitos-humanos-e-brasil-envia-representante.htm>.Acesso em 19 de fev. 2020.

semelhante vem sendo adotadas politicamente, favorecendo um retrocesso das conquistas de outrora. Partindo-se então de uma leitura do Transconstitucionalismo, como se daria essa postura bélica?

Inicialmente convém ressaltar que no núcleo duro do Transconstitucionalismo não se vislumbra a participação do sistema político. Não obstante, é possível perceber que indiretamente – dentro das ordens estatais – a participação do sistema político estaria viva. Ou seja, poder-se-ia falar de um "duplo acoplamento estrutural" ocorrido entre Constituições de ordens diversas em que o sistema político participaria quando da estruturação da Constituição estatal.

Mesmo esse argumento acabaria por ser forçoso, visto que enquanto os sistemas político e jurídico estruturariam a Constituição dentro do acoplamento estrutural da ordem estatal, quando se fala em Transconstitucionalismo, este seria dado prosseguimento unicamente pelo sistema jurídico, o que pode configurar – inevitavelmente – em uma corrupção do sistema político estatal.

Ou seja, no momento em que as ordens jurídicas estatais dialogam entre si, olvidando-se totalmente do sistema político, o provincianismo apontado por Neves, mas da perspectiva do sistema político pode ativar reação à complexidade, de forma a responder ao elemento externo que se impõe. A soberania – que estrutura a base do sistema político – acabaria por ser provocada, gerando em contrapartida uma postura bélica contra ao que pode ser considerado uma intervenção jurídico-externa na ordem social interna.

Diante do contexto ora apresentado, é possível definir que embora o Transconstitucionalismo esteja dentro do arcabouço de teses que aprofundam a temática do Constitucionalismo – sobretudo no Brasil – existe a carência de uma metodologia capaz de tornar o acoplamento estrutural da Política e do Direito como elemento chave para a conversação, sem a qual, inevitavelmente, ocorrerá aquilo que a tese mais critica: o colonialismo de um sistema por outro.

Referências bibliográficas

DE GIORGI, Raffaele. LUHMANN, Niklas. *Teoria della Società*. Milano : Franco Angeli, 1999.

LUHMANN, Niklas. *Die Wirtschaft der Gesellschaft*. Suhrkamp-Taschenbuch-Wissenschaft,1988.

______. *Die Wissenschaft der Gesellschaft*. Frankfurt/am Main.: Suhrkamp, 1990.

______. *Soziologie des Risikos*. Berlim/New York: Walter de Gruyter, 1991.

______. *Das Recht der Gesellschaft*. Suhrkamp-Taschenbuch-Wissenschaft,1993.

______. *Die Kunst der Gesellschaft*. Frankfurt am Main : Suhrkamp,1995.

LIMA, Fernando Rister Sousa. Constituição Federal: Acoplamento Estrutural entre os Sistema Político e Jurídico. *Revista Direito Público*, n. 32 – Mar-Abr/2010.

MATURANA, Humberto R.; VARELA, Francisco J. *Autopoiesis and Cognition*: The Realization of the Living Boston Studies in the Philosophy of Science. Paperback, 1991.

______. Autopoiesi e Cognizione – La realizzazione del vivente. Traduzione di Alessandra Stragapede. Prefazione di Giorgio De Michelis. Venezia: Marsilio Editori, 1985

NEVES, Marcelo. *Transconstitucionalismo*. São Paulo: WMF Martins Fonte, 2009.

PARSONS, Talcott Edgar Frederick. *The Social System*. (Routledge Sociology Classics). With a New Preface by Bryan S. Turner. Editor: Bryan S. Turner/Routledge – Taylor & Francis Group. London: 1952/2005.

SPENCER-BROWN, George. *Laws of Form*. New York: Dutton, 1979. Na tradução alemã Gesetze der form (German translation). Lübeck: Bohmeier Verlag, 1997.

UOL. *EUA redefinirão Direitos Humanos no Brasil e Brasil envia representante*. Disponível em: <https://noticias.uol.com.br/colunas/jamil-chade/2020/02/18/eua-redefinirao-direitos-humanos-e-brasil-envia-representante.htm>.Acesso em 19 de fev. 2020.

Parte II

Aplicações práticas do pensamento transconstitucionalista

O Diálogo entre a Corte IDH e o STF: uma análise a partir do pensamento de Marcelo Neves

SIDDHARTA LEGALE
LUIS CLAUDIO MARTINS DE ARAÚJO
LUIZA DESCHAMPS

1. Aspectos gerais

O professor Marcelo Neves possui um trabalho de uma vida dedicado à teoria do direito e a teoria constitucional, razão pela qual é mais do que justa a homenagem a um dos principais constitucionalistas brasileiros contemporâneos, conduzido pelo prof. Leonam Liziero em forma desta obra coletiva. É a partir dos principais livros de Marcelo Neves que questionaremos e analisaremos qual é a qualidade do debate entre a Corte Interamericana de Direitos Humanos (Corte IDH) e o Supremo Tribunal Federal (STF) em termos quantitativos e qualitativos.

Marcelo produziu inúmeros livros hoje já clássicos para o direito brasileiro, como Constituição e direito na modernidade periférica (2018); Entre Hidra e Hércules: princípios e regras constitucionais como diferença paradoxal do Sistema Jurídico (2013 e a segunda edição de 2014); Transconstitucionalismo (2009), Entre Têmis e Leviatã: Uma Relação Difícil? O Estado Democrático de Direito a partir e além de Luhmann e Habermas (2008), A Constitucionalização Simbólica (1994 e segunda edição de 2007); e Teoria da Inconstitucionalidade das Leis, São Paulo: Editora Saraiva (1988).

Muitas delas são referenciadas diversas vezes, impactando a jurisprudência do Supremo Tribunal Federal, uma das obras mais citadas do Marcelo Neves no Supremo Tribunal Federal é a sua dissertação de mestrado, "Teoria da inconstitucionalidade das leis."[1].

---

[1] NEVES, Marcelo. *Teoria da inconstitucionalidade das leis*. São Paulo: Saraiva, 1998.

Ela é mencionada cerca de 16 vezes na jurisprudência da Corte[2]. Três aspectos dela costumam ser referenciados.

Em primeiro lugar, cita-se, por exemplo na ADI 2574[3], a sua caracterização do problema da inconstitucionalidade das leis como uma relação sistemática das normas constitucionais com as normas infraconstitucionais, sendo que, de um lado, há uma inconstitucionalidade direta com estas últimas violam as primeiras e, de outro, há inconstitucionalidade indireta que, a rigor, é uma questão ilegalidade[4].

Em segundo lugar, referencia-se, por exemplo, na ADI 74-8[5], a sua distinção entre inconstitucionalidade e revogação. Na primeira, há uma "autonomia real, embora provisória" da lei com a Constituição". Na segunda, existe uma autonomia aparente no confronto entre a lei anterior à Constituição e a nova Constituição, de modo que tal lei se encontra revogada, de acordo com a doutrina majoritária no tema[6].

Em terceiro lugar, há referência, por exemplo no AI 132755 QO[7], é feita a relação entre federação e inconstitucionalidade, quando Marcelo Neves destaca que Constituições Estaduais, leis estaduais e leis municipais podem ser objeto de controle de constitucionalidade. Esclarece que alguns autores defendem que "lei federal corta local" (Pontes de Miranda), ainda que, a rigor, nesse caso, trate-se da compatibilidade mediata ou indireta da lei local com a Constituição, o que não é propriamente inconstitucionalidade[8].

A Constitucionalização simbólica[9] de Marcelo Neves também é citada no STF, quando a Rcl 4374 se refere ao benefício de prestação continuada para pessoa idosa e com deficiência, para destacar a importância de impor ao Estado uma incessante busca na

---

[2] ADI 74-8; ADI 2574; RE 390840; RE346084; AI 453071 AgR; RE 395901 Agr; AI 589281 AI 589789, AI 582290, RE 353508, ADI 4048, ADI 4049, AI 132755, ADI 4222 AgR, ADI 4843 MC-ED-Recl, ADI 4439

[3] STF, ADI 2574, Rel. Min. Carlos Velloso, J. 01.10.2002.

[4] *Op. cit* p.65-68,

[5] STF, ADI 74-8, Rel. Min. Celso de Mello, J. 07.02.1992

[6] *Op. cit.,* p. 96

[7] STF, AI 132755 – QO, Rel. Min Moreira Alves, Rd. Para Acórdão Dias Toffoli, J. 19.11.2009.

[8] *Op. cit.,* p. 107-108

[9] NEVES, Marcelo. *A Constitucionalização simbólica.* São Paulo: Martins Fontes, 2007.

implementação dos anseios sociais[10].

A obra Transconstitucionalismo de Marcelo Neves[11] também é mencionada no STF, por exemplo, para se referir ao diálogo entre as ordens jurídicas nacional e regional em matéria do conflito entre liberdade de expressão e privacidade, exemplificando com o Caso Caroline de Mônaco, segundo o qual, mesmo pessoas públicas, possuem direitos a proteção contra exposição de certos direitos personalíssimos[12].

O ponto central do transconstitucionalismo é, em síntese, que qualquer ordenamento jurídico ou modelo de racionalidade possui pontos cegos, de modo que é necessário construir "pontes de transição" por meio de uma "racionalidade transversal" ou de "conversações constitucionais" entre os planos locais, estatais, transnacionais, internacionais ou supranacionais para melhorar a qualidade das decisões. Por meio do diálogo entre os diversos planos

---

[10] STF, Rcl 4374, Rel. Min. Gilmar Mendes, J. 18.04.2013. "Não se pode olvidar, nessa perspectiva, o papel positivo cumprido por este constitucionalismo por alguns denominado de "simbólico" (Neves, Marcelo. A Constitucionalização Simbólica. São Paulo: Acadêmica, 1994), ao impor ao Estado uma incessante busca pela efetiva implementação de anseios sociais básicos. A Constituição de 1988 proclama a assistência social como um programa de ação positiva do Estado brasileiro. Não há mais espaço para considerações de tipo político e econômico sobre a conveniência da concessão do benefício assistencial ou sobre o valor desse benefício (um salário mínimo)."

[11] NEVES, Marcelo. *Transconstitucionalismo*. São Paulo: Martins, 2009.

[12] STF, ADI 4451 MC, Rel. Min. Ayres Britto, J. 02.09.2010, Ver trecho: "É o exemplo da tutela inibitória para apreensão de livros ou publicações, bem assim o obstáculo à veiculação de imagens que venham a ser atentatórios contra a honra, a imagem e a vida privada das pessoas. Não desconheço que há a chamada esfera de iluminabilidade, da doutrina italiana, segundo a qual as chamadas celebridades, como políticos, artistas e pessoas que vivem em torno da exploração da imagem, encontram-se parcialmente livres das proteções normais conferidas aos cidadãos comuns, no que se refere à exposição de seus direitos personalíssimos ligados ao inciso X do artigo 5º, CF/1988. Mesmo em relação a essas pessoas, observa-se a reabertura dos debates, como mostra Marcelo Neves, em sua inovadora obra Transconstitucionalismo (São Paulo: Saraiva, 2009. p.138), que fornece diversos exemplos da recentíssima jurisprudência alemã e da Corte Européia de Direitos Humanos, de entre os quais se destaca o Caso da Princesa Caroline de Mônaco."

estatais, interestatais e não estatais procura-se estabelecer justamente esse modelo de racionalidade transversal, que busca, por meio desse olhar de outra ordem jurídica, encontrar soluções melhores para os problemas constitucionais semelhantes.

Há diversos nomes para este movimento além de transconstitucionalismo[13], como o constitucionalismo em escala mundial[14] com constitucionalismo *multilevel*[15], constitucionalismo[16], constitucionalismo transfronteiriço[17-18] e neoconstitucionalismo internacionalizado[19].

De toda sorte, o objetivo deste artigo em homenagem ao Professor Marcelo Neves, é trabalhar a ideia de que, com o crescimento da chamada sociedade internacional, interdependente e

---

[13] NEVES, Marcelo. *Transconstitucionalismo*. São Paulo: Martins Fontes, 2009.

[14] ACKERMAN, Bruce. *A ascensão do constitucionalismo mundial*. In: SOUZA NETO, Cláudio Pereira de; SARMENTO, Daniel (Coord). A constitucionalização do direito. Rio de Janeiro: Lumen Juris, 2007.

[15] PERNICE, Ingolf. *The Global Dimension of Multilevel Constitutionalism A Legal Response to the Challenges of Globalisation*. Völkerrecht als Wertordnung /Common Values in International Law: Festschrift für Christian Tomuschat /Essays in Honour of Christian Tomuschat, 2006.

[16] TUSHNET, Mark. The Inevitable Globalization of Constitutional Law. *Harvard Law School Public Law & Legal Theory Working Paper Series Paper No. 09-06*. Disponível em: http://ssrn.com/abstract=1317766. Confira-se também: FERNANDES, Bernardo Gonçalves Alfredo. *Direito Constitucional e Democracia: Entre a Globalização e o Risco*. Rio de Janeiro: Lumen Juris, 2011.

[17] MARTINS DE ARAUJO, Luis Claudio. *Constitucionalismo transfronteiriço, direitos humanos e direitos fundamentais*: a consistência argumentativa da jurisdição de garantias nos diálogos transnacionais. 1. ed. Rio de Janeiro: Lumen Juris, 2017. 376p .

[18] Entendemos por constitucionalismo transfronteiriço, a ideia de problemas jurídicos que perpassam diversas ordens jurídicas. Assim, um problema constitucional transfronteiriço, implica em questões de direitos fundamentais e Direitos Humanos, que podem envolver Cortes locais, estrangeiras, internacionais, supranacionais ou regionais, a partir de conversações constitucionais, com o fortalecimento do entrelaçamento entre ordens jurídicas.

[19] LEGALE, Siddharta. Neoconstitucionalismo internacionalizado e internacionalização do direito: o engajamento tardio do direito constitucional do Brasil na esfera internacional. In: Carmen Tibúrcio. (Org.). *Direito Internacional - Coleção 80 anos da UERJ*. 1ed.Rio de Janeiro: Freitas Bastos, 2015, v , p. 543-570.

interpenetrante, que interage cada dia de forma mais profunda, especialmente em modelos complexos, há o aparecimento de diversas teorias que buscam enfrentar os problemas constitucionalmente comuns que surgem em perspectiva multinível, ampliando as perspectivas do debate legitimatório em nível transnacional.

2. Diálogos entre Cortes Constitucionais vs. o diálogo entre Cortes Constitucionais e Cortes de Direitos Humanos

O recorte do presente artigo, para coletânea organizada pelo prof. Leonam Liziero, portanto, justifica-se e possui aderência à mesma por vários motivos. Em primeiro lugar, o diálogo entre as esferas nacional e regional na América Latina[20], mais especificamente o diálogo entre o STF e a Corte IDH, justifica-se como um aspecto do transconstitucionalismo. Em segundo, o impacto do homenageado que tem sido citado no STF entre os anos de 1992 e 2017. Em terceiro, as profundas transformações práticas no tema, como o aumento das citações à Corte IDH na jurisprudência do STF em particular nos últimos 3 anos (2017-2020) que possui quase o mesmo número de menções que os 9 anos anteriores (2008 a 2016)[21].

Na construção de uma decisão judicial no seio da atual sociedade globalizada, mostra-se perceptível que, cada vez mais, as decisões na jurisdição doméstica e transnacional são trabalhadas pelo diálogo entre Cortes ao redor do globo, sendo inegável que a cada dia juízes de diferentes tribunais olham para fora de suas fronteiras, à procura de novos argumentos para justificar seus próprios casos.

Pode-se afirmar que as decisões judiciais das Cortes Constitucionais em geral não são mais um processo isolado de deliberação dos tribunais locais, mas, sim, parte de um processo transnacional de diálogo entre Cortes em todo o globo, a partir da perspectiva de busca de justificação da consistência argumentativa

---

[20] NEVES, Marcelo. Transconstitucionalismo com especial referência a experiência latino-americana. Disponível em: www.juridicas.unam.mx

[21] Boa parte dos gráficos, dados e casos apresentados aqui resultaram de uma análise detalhada das menções do STF à Corte IDH até 2017, cf. LEGALE, Siddharta. *A Corte Interamericana como Tribunal Constitucional*. Rio de Janeiro: Lumen Juris, 2019, capítulo 5.

da jurisdição de garantias[22],[23] nos diálogos transnacionais[24].

A criação de uma rede de uma maior ou menor reciprocidade em escala global entre essas Cortes[25] arquitetou-se a partir de uma sociedade internacional pluralista[26]. A ideia central é a intensificação do intercâmbio múltiplo entre Cortes na ordem jurídica globalizada por meio de decisões transnacionais que são trazidas à tona na tomada de decisões jurisdicionais, como uma estratégia para incrementar a qualidade das mesmas com a incorporação de novos e distintos argumentos ao debate judicial em questões convergentes, validada pela previsibilidade e respeito aos precedentes

---

[22] A jurisdição de garantias objetiva à tutela dos direitos fundamentais e dos Direitos Humanos, podendo, para este fim, se desenvolver através da jurisdição constitucional, que é o poder das Cortes constitucionais de interpretar a legislação e invalidar os atos incompatíveis com a Constituição e com os direitos fundamentais, e, mediante a jurisdição de Direitos Humanos, produzida pelas Cortes internacionais, supranacionais ou regionais, ao interpretar o Direito Internacional e comunitário, especialmente em questões de Direitos Humanos. Ademais, a jurisdição constitucional e a jurisdição de Direitos Humanos, segundo a premissa metodológica aqui desenvolvida, podem ser exercidas por instituições que não necessariamente, ao menos no sentido estrito do termo, podem ser qualificadas como órgãos judiciais, desde que esta atividade não seja efetuada, exclusivamente, pelo Poder Executivo ou Poder Legislativo como é o caso do *Conseil d'Etat* francês, da Comissão Europeia de Direitos Humanos e da Comissão Interamericana de Direitos Humanos.

[23] Utilizaremos os vocábulos Tribunal Constitucional e Corte Constitucional como sinônimos. Da mesma maneira, utilizaremos indistintamente as expressões jurisdição constitucional, judicial review e controle de constitucionalidade.

[24] Na seleção dos casos que serão analisados, segundo o recorte teórico utilizado, tomaremos por base, além do modelo de jurisdição transnacional de defesa dos Direitos Humanos, o sistema jurisdicional de países que tenham, ao menos em tese, o comprometimento com a comunidade internacional e o engajamento com a tutela dos direitos fundamentais no plano doméstico.

[25] WALDRON, Jeremy. Teaching cosmopolitan right. In: MCDONOUGH, Kevin; FEINBERG, Walter (Eds.). *Education and citizenship in liberal-democratic societies*: cosmopolitan values and cultural identities. Oxford: Oxford University Press, 2003, p. 25-35.

[26] WALDRON, Jeremy. Minority cultures and the cosmopolitan alternative. *University of Michigan Journal of Law Reform*, Michigan, v. 25, 1991-1992, p. 751-778.

transnacionais[27].

Esta ideia, naturalmente, amplifica-se quando se coloca o diálogo entre as Cortes Constitucionais e as Cortes de Direitos Humanos, como a Corte Interamericana de Direitos Humanos. Incorpora-se ao debate o reposicionamento da teoria clássica da soberania nacional e da jurisdição — como manifestação do princípio da soberania do Estado e que estende seus efeitos dentro das fronteiras estatais — a partir da ideia de que a racionalidade argumentativa transversal e pontes de transição entre os sistemas nacional e regional. A competência exclusiva no seu território para adotar normas legais obrigatórias e resolver litígios em seus tribunais cede espaço, num mundo desterritorializado e globalmente ordenado, à necessidade de coordenação e harmonização de forma complexa[28].

A superação do paradigma clássico do Estado-Nação da soberania como poder absoluto e perpétuo ocorre a partir da intensificação do intercâmbio múltiplo entre Cortes na jurisdição mundial, devem serão investigadas as condições necessárias para a compreensão da cooperação internacional na sociedade global, por meio de um diálogo pluralista e participativo entre instituições locais e transnacionais[29], especialmente no que toca à jurisdição de garantias. Esta dinâmica entre transnacional, global, regional e o local se interpenetram e se realimentam, em processos múltiplos,

---

[27] A ideia de precedente transnacional, deve ser trabalhada em paralelo com a construção do conceito da *ratio decidendi* ou de *holding* de uma decisão judicial, que corresponde ao entendimento jurídico emergente de um precedente, ou seja, do entendimento jurídico que serviu de base à decisão ou à descrição do entendimento adotado pela corte, como a premissa necessária ou adequada para decidir o caso concreto, à luz das razões invocadas pela maioria. A identificação da *ratio decidendi* pressupõe, a avaliação de alguns aspectos essenciais: i) os fatos relevantes, ii) a questão jurídica posta em juízo iii) os fundamentos da decisão e iv) a solução determinada pela corte. BARROSO, Luís Roberto; MELLO, Patrícia Perrone Campos. Trabalhando com uma nova lógica: a ascensão dos precedentes no direito brasileiro. Revista da Advocacia-Geral da União, v. 15, 2016, p. 09-52.

[28] RAWLS, John. The law of peoples. Cambridge: Harvard University Press, 1999, p. 1-77.

[29] GARAPON, Antoine; ALLARD, Julie. Os juízes na mundialização: a nova revolução do direito. Tradução Rogério Alves. Lisboa: Instituto Piaget, 2005, p. 7-43.

simultâneos, iterativos e em ciclos recursivos de permanente reconfiguração da arquitetura global e local, a jurisdição acaba por trabalhar reconceptualizada e relegitimada, a partir do paradigma dos fenômenos transnacionais[30-31].

O nascimento do denominado transconstitucionalismo[32], diante da globalização e da intensificação relacional na sociedade mundial, baseada em uma rede intrincada de conexões entre instituições estatais desagregadas, a tarefa de tomar decisões na sociedade multicêntrica e heterárquica passa a ser construída a partir de uma racionalidade transversal entre esferas autônomas de comunicação da sociedade mundial, com conversações institucionais e o fortalecimento de entrelaçamentos entre a ordem jurídica transnacional e a doméstica, de países engajados e comprometimentos com a comunidade internacional e a tutela de direitos fundamentais.

Nesse sentido, a necessária construção de uma teoria que permita justificar a criação do conceito da jurisdição de garantias, deve partir da conversação entre a jurisdição constitucional e transnacional sob a égide de parâmetros dialógicos, a partir de mecanismos capazes de permitir um sistema cooperativo das relações entre as instituições jurisdicionais locais e transnacionais, pela via sistêmico-dialógica.

Para tanto, diante de problemas jurídicos que perpassam diversas ordens jurídicas, em questões de direitos fundamentais, Direitos Humanos e limitação de poder, envolvendo Cortes locais, estrangeiras, internacionais, supranacionais ou regionais, o contexto resultante do influxo do constitucionalismo transfronteiriço deve partir da compreensão, discussão, reflexão e aproveitamento das decisões transnacionais, como uma autoridade persuasiva, mas considerando a perspectiva, particularidades e razões de decidir do caso, o que representa maior grau de racionalidade argumentativa, legitimidade e uniformidade das decisões jurisdicionais domésticas, ou seja, o que se pretende, ao termo, é problematizar as repercussões nas ordens jurídicas, do diálogo entre as Cortes no desempenho da

---

[30] SLAUGHTER, Anne-Marie. A global community of courts. *Harvard International Law Journal*, v. 44, 2003, p. 191-220.

[31] DIXON, Rosalind. Transnational constitutionalism and unconstitutional constitutional amendments. *Chicago Public Law and Legal Theory Working Paper Series*, Chicago, n. 349, 2011, p. 2-15.

[32] NEVES, Marcelo. *Transconstitucionalismo*. São Paulo: WMF Martins Fontes, 2009, p. 1-62.

jurisdição de garantias.

Nesse sentido, o uso dessas decisões estrangeiras, considerando o grau de adesão às mesmas, pode ser agrupado e classificado em: (*i*) submissão; (*ii*) uso decorativo; (*iii*) resistência; e (*iv*) diálogo[33]. Onde no modelo de submissão, há deferência total à jurisprudência transnacional; no modelo decorativo, há mera referência desnecessária a elementos não nacionais, como meio de demonstrar conhecimento e autoridade; no modelo de resistência ou repulsa, há desapreço total à jurisprudência transnacional, sendo as decisões transnacionais rechaçadas pelas cortes locais; e ainda no modelo dialógico ou de interlocução, há abertura para a compreensão, discussão, reflexão e aproveitamento das decisões transnacionais, que parece permitir uma abordagem mais ampla do tema, a partir da compreensão das razões de decidir *(ratio decidendi* ou *holding)* da Corte.

A influência que as Cortes transnacionais promovem como referencial teórico fundamental nos diferentes níveis de entendimento judicial, acaba por permitir em uma saudável fertilização cruzada de ideias e abordagens, em uma construção que, ao termo, ajuda as Cortes a analisar a questão sob uma perspectiva diferente, em uma interação que, em contrapartida, aumenta o reconhecimento das decisões tomadas pelas Cortes dos sistemas jurídicos doméstico e transnacional.

Por exemplo, no âmbito do STF, é notório o crescimento de seu uso destas referências na rotina desta Corte, há um aumento de mais de 100% nos últimos 10 anos, ou seja, mais que dobra a quantidade de acórdãos que se utilizam expressamente de uma referência a Cortes transnacionais passando de 154 para 324. Em relação ao direito comparado destaca-se há um aumento de 400% de seu uso. Quintuplica-se a quantidade de acórdãos onde é possivel encontrar referência a esta ferramenta. A evolução destes ano a ano está ilustrada a seguir:

---

[33] MARTINS DE ARAUJO, Luis Claudio. *Constitucionalismo transfronteiriço, direitos humanos e direitos fundamentais:* a consistência argumentativa da jurisdição de garantias nos diálogos transnacionais. 1. ed. Rio de Janeiro: Lumen Juris, 2017.

Gráfico 1 Distribuição dos acórdãos identificados pelos parâmetros de busca entre 2000 e 2019

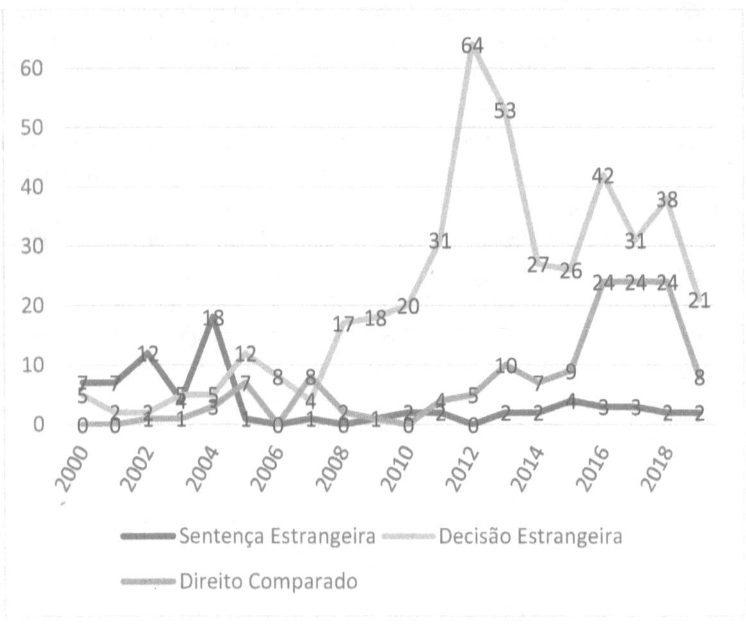

Especificamente em relação ao diálogo entre Cortes Constitucionais e Cortes de Direitos Humanos, a questão pode ser mais fácil ou mais complexa. De um lado, é óbvio que, quando o STF cita uma decisão da Corte Europeia de Direitos Humanos ou da Corte Africana de Direitos Humanos e dos povos, a semelhança do diálogo entre Cortes Constitucionais é bastante semelhança, já que o Brasil não está vinculado à estas jurisdições.

Porém quando o STF se reporta à jurisprudência da Corte IDH, o diálogo entre a ordem nacional e a regional – uma das tônicas do transconstitucionalismo – adquire outro grau de complexidade. A começar pela vinculação do Estado brasileiro a Convenção Americana de Direitos Humanos de 1969, ratificada pelo Brasil em 1992, assim como o aceite a jurisdição desta Corte em 1998[34], ainda cabe destacar que este tratado prevê que suas sentenças são

---

[34] Aceite da competência da Corte ocorre em 10 de dezembro de 1998. Conforme: https://www.cidh.oas.org/basicos/portugues/d.Convencao_Americana_Rati f..htm

definitivas e inapeláveis.

Em segundo lugar, a Corte IDH, que é considerada a intérprete autêntica do tratado, desenvolveu toda uma teoria do controle de convencionalidade, segundo a qual as interpretações das suas opiniões consultivas e a coisa julgada interpretada dos casos contenciosos fixados para um país vinculam os demais. O descumprimento pode ensejar responsabilidade internacional do Estado.

Apesar disso, não houve uma integração efetiva da jurisprudência interamericana, seja contenciosa ou consultiva, na jurisprudência do Supremo Tribunal Federal. Não houve um efetivo diálogo entre a Corte nacional e a internacional. O desprestígio é sistemático, como critica quantitativa e qualitativamente Siddharta Legale[35], que indica ainda a ausência de menções à jurisprudência da Corte IDH entre 1988 e 2007, sendo identificada apenas em 2008 a primeira menção. Ou seja, apenas dez anos após o aceite da jurisdição contenciosa da Corte IDH pelo Brasil que suas decisões parecem ser notadas pelo mais alto tribunal nacional. Tal distribuição temporal pode ser verificada no gráfico a seguir:

Gráfico 2: Menções à Corte IDH pelo STF por ano[36]

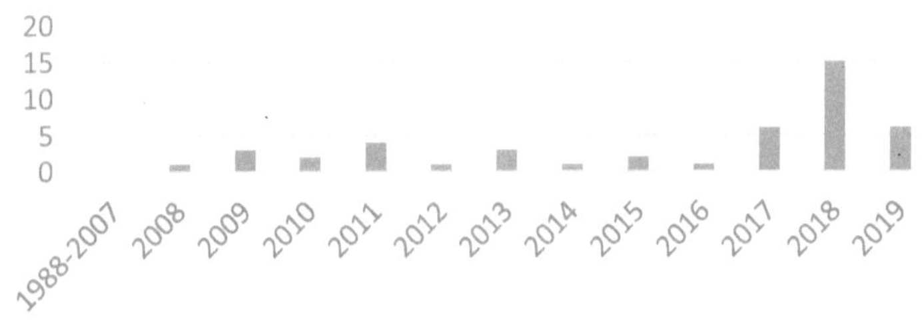

O retrato apresentado pelo gráfico acima é um onde a jurisprudência da Corte IDH no STF passa de um cenário de "nada" para outro onde é "alguma coisa". Mesmo assim, essa "alguma coisa" ainda se revela bastante incipiente, nas palavras do professor

---

[35] LEGALE, Siddharta. *A Corte Interamericana de Direitos Humanos como Tribunal Constitucional.* Rio de Janeiro: Lumen Juris, 2019.

[36] Gráfico elaborado originalmente no capítulo 5 e atualizado para o presente artigo. Cf. LEGALE, Siddharta. Op. cit.

Siddharta Legale[37], que aponta em especial para o período até 2016 que as menções são pontuais aparecendo em votos isolados de um ou outro ministro, além de possuírem equívocos e não representarem necessariamente uma adesão ao conteúdo das decisões interamericanas;

Diante de um cenário que crescente transconstitucionalismo, questiona-se como essa tipologia tradicionalmente utilizada para compreender o diálogo entre Cortes Constitucionais entre si poderia ajudar a compreender melhor e analisar criticamente o diálogo entre a Corte IDH e o STF. Mais especificamente, questiona-se há mais diálogos ou monólogos sobrepostos, mais diálogo/submissão ou resistência/uso decorativos? Em busca desta resposta analisa-se a seguir as diferentes dinâmicas que estas duas Cortes construíram desde 2008.

3. A submissão do STF à jurisprudência da Corte IDH

Dentre dos modelos de diálogos adotados para análise, temos o modelo de submissão, aquele em que há deferência total à jurisprudência transnacional, o que pode representar, em realidade, uma forma de neocolonialismo[38]. De fato, a gênese desta concepção está associada à ideia de sobreposição das metrópoles sobre as colônias, desenvolve-se a partir da aceitação acrítica da ideia de ascendência jurídica de determinado Estado sobre outro sistema jurídico[39-40]. Naturalmente, tal perspectiva, sob qualquer ótica a ser

---

[37] *Op. Cit.*

[38] MARTINS DE ARAUJO, Luis Claudio. *Constitucionalismo transfronteiriço, direitos humanos e direitos fundamentais*: a consistência argumentativa da jurisdição de garantias nos diálogos transnacionais. 1. ed. Rio de Janeiro: Lumen Juris, 2017. 376 p.

[39] BARRY, Brian. Humanity and justice in global perspective. In: POGGE, Thomas; MOELLENDORF, Darrel. *Global justice: seminal essays*. Saint Paul: Paragon House, 2008, p. 195.

[40] Nesse sentido é a posição de Celso Mello expressada nos seguintes termos: "O colonialismo, consagrado no Direito Internacional clássico, sempre explorou de maneira intensa os territórios que dominava através de uma forma inicial de simples extrativismo (ouro), seja posteriormente através de matérias-primas retiradas desses mesmos territórios para alimentarem as indústrias em suas metrópoles. (...) Não se reconhecia a nenhum povo o direito de não ser colonizado, bem como de ficar à margem do comércio internacional. Por outro lado, o capitalismo europeu passou a impor o modo de produção capitalista e,

analisada, acaba por transformar o influxo do transconstitucionalismo, em um "diálogo" unidirecional, onde o deslocamento de ideias jurídicas, opera sob uma lógica de dominação jurídica unilateral.

Neste modelo, é possível apontar como um possível exemplar o RE 511961[41], sob a relatoria. Min. Gilmar Mendes, que apreciou se seria possível exigir o diploma de jornalista para a atuação na profissão de jornalista, já que corria o risco de incidir em exercício ilegal da profissão. Em linhas gerais, entendeu-se que, embora importantes para o mercado, a restrição à liberdade profissional, prevista no art. 5º, XIII da Constituição de 1988, coloca como critério a "qualificação profissional".

A exigência de diploma foi reputada inconstitucional, considerando-se não recepcionado o Decreto-lei n. 972/69. Observando mais atentamente as razões do voto do relator, o Min. Gilmar Mendes, percebe-se dois momentos. No primeiro, recorreu à própria jurisprudência do STF para demonstrar a inconstitucionalidade, que discorrer aqui transcende aos objetivos do presente artigo.

No segundo, transcreve por quase 10 páginas o conteúdo da OC-

---

em consequência, a noção de propriedade privada, bem como a noção de direito adquirido dos estrangeiros. Outros institutos foram se desenvolvendo por imposição das potências imperialistas, como a proteção diplomática do seu nacional ou ainda a obrigação de indenizar em caso de expropriação. Passou a existir uma verdadeira pilhagem dos recursos naturais das colônias, concluindo as grandes potências tratados com os chefes indígenas ou locais em que eram consagrados: a proteção ao livre comércio, a livre instalação de nacionais da metrópole e o direito de explorarem as riquezas naturais, sendo comum se estabelecer o monopólio da Metrópole nesta exploração. As concessões eram, muitas vezes, proibidas aos naturais e dadas aos colonizadores". MELLO, Celso D. de Albuquerque. *Direito internacional econômico.* Rio de Janeiro: Renovar, 1993, p. 10-11 e 49.

[41] STF, RE 511.961/SP, Rel. Min. Gilmar Mendes, J. 17.06.2009. Trecho da Ementa: "JORNALISMO. <u>EXIGÊNCIA DE DIPLOMA DE CURSO SUPERIOR, REGISTRADO PELO MINISTÉRIO DA EDUCAÇÃO, PARA O EXERCÍCIO DA PROFISSÃO DE JORNALISTA.</u> LIBERDADES DE PROFISSÃO, DE EXPRESSÃO E DE INFORMAÇÃO. CONSTITUIÇÃO DE 1988 (ART. 5º, IX E XIII, E ART. 220, CAPUT E § 1º). NÃO RECEPÇÃO DO ART. 4º, INCISO V, DO DECRETO-LEI Nº 972, DE 1969. (...)".

5/85 da Corte Interamericana de Direitos Humanos[42] na qual a Corte IDH posicionou-se pela não obrigatoriedade da inscrição do profissional de jornalismo no *Colegio de Periodista*, à luz do artigo 13 e 29 da Convenção Americana de Direitos Humanos (CADH), para o exercício da profissão.

Vale repetir e enfatizar que o voto do relator, Min. Gilmar Mendes, chegou a transcrever *ipisis literis* cerca de 10 páginas da OC-05/85. Essa citação direta tão longa foi seguida da seguinte frase logo após o fechamento das aspas: "*Concluo, portanto, no sentido de que o art. 4, V, do Decreto-Lei n.º 972, de 1969, não foi recepcionado pela Constituição de 1988*". Note-se: houve um **salto argumentativo** inexplicado que sugere que a incompatibilidade com a CADH teria enseja inconstitucionalidade, ou seja, incompatibilidade com a Constituição de 1988.

É verdade que o Ministro grifou alguns trechos da OC-05/85, mas não destacou quais elementos das citações são relevantes para sua conclusão, tampouco refletiu se o Decreto-lei n. 972/69, que exige o diploma de jornalista é compatível ou não com a CADH. Ateve-se ao controle de constitucionalidade. Não explicando ou problematizando o controle de convencionalidade.

Embora correto o conteúdo do RE, faltou conferir a devida dimensão a essa questão no que diz respeito também à obrigação de o STF invalidar leis incompatíveis com a CADH, tal como interpretada pela Corte IDH, como já decido anteriormente a este nos casos Barrios Altos vs. Peru (2001) e Almonacid Arellanos vs. Chile (2006) e reiterada no caso Cabrera Garcia e Montiel Flores vs. México (2010) no ano seguinte ao julgado do STF apresentado neste tópico. A argumentação, da forma que foi colocada revela, a um só tempo, certo pioneirismo/submissão irrefletida à Corte IDH por um lado e, por outro, falta de familiaridade com a jurisprudência interamericana.

4. O uso decorativo da jurisprudência da Corte IDH pelo STF

Outra possibilidade seria falar em um modelo decorativo, no qual há mera referência desnecessária a elementos não nacionais, como meio de demonstrar conhecimento e autoridade. Desta feita, o

---

[42] "Observação: - Veja Opinião Consultiva OC-5/85 de 13 de novembro de 1985 da Corte Interamericana de Direitos Humanos."

argumento transconstitucional, seria utilizado de maneira completamente desassociada da realidade jurídica, como mero argumento de autoridade retórica, sem qualquer preocupação concreta para a compreensão, discussão, reflexão e aproveitamento das decisões transnacionais, como uma autoridade persuasiva, mas considerando a perspectiva, particularidades e razões de decidir do caso doméstico[43].

Um exemplo para este uso aparece no uso recente efetuado pelo Min. Alexandre de Moraes em nove de seus votos nos anos 2018 e 2019, seis no primeiro destes anos e três no ano seguinte, apresenta nominalmente um bloco de casos da Corte IDH: Herrera Ulloa vs. Costa Rica, 2004; Caso Ricardo Canese vs. Paraguai, 2004; Rosendo Cantú y outra vs. México, 2011; Mohamed vs. Argentina, 2012, da Corte Interamericana de Direitos Humanos. Sendo 7 em 2018 e 3 no ano de 2019. No entanto essa referência é fruto de uma referência indireta realizada através de artigo acadêmico[44], sem que se apresente

São os votos apresentados por este ministro nos RE 696533 (2018)[45]; HC 151172 AgR (2018)[46]; HC 152752 (2018)[47]; RHC

---

[43] MARTINS DE ARAUJO, Luis Claudio. *Constitucionalismo transfronteiriço, direitos humanos e direitos fundamentais*: a consistência argumentativa da jurisdição de garantias nos diálogos transnacionais. 1. ed. Rio de Janeiro: Lumen Juris, 2017. 376 p.

[44] Há a reprodução do mesmo trecho: "identifica-se com clareza a validade convencional da decisão condenatória criminal, desde que atendidos os pressupostos do devido processo legal e disponibilizado ao condenado um recurso de natureza ordinária dirigido à instância que lhe seja superior. Entretanto, cumpre registrar que não se identificou na Convenção Americana sobre Direitos Humanos um dispositivo normativo específico que condicione o cumprimento da condenação penal ao trânsito em julgado da causa. Do mesmo modo, não se logrou êxito em localizar precedente do Tribunal Interamericano a defender tal linha interpretativa" de VIEIRA, José Ribas; RESENDE, Ranieri Lima. *Execução provisória da pena*: Causa para a Corte Interamericana de Direitos Humanos?

[45] STF, RE 696533/SC, Rel. Min. Luiz Fux. J. 06/02/2018. Trecho reproduzido na página 13 do voto do Min. Alexandre de Moraes neste Acórdão.

[46] STF, HC 151172 AgR, Rel. Min. Alexandre de Moraes. J. 09/03/2018. Trecho reproduzido na página 11 do voto do relator neste Acórdão.

[47] STF, HC 152752, Rel. Min. Edson Fachin. J. 04/04/2018. Trecho reproduzido na página 12 do voto do Min. Alexandre de Moraes neste Acórdão.

154515 AgR (2018)[48]; RHC 138670 ED (2018)[49]; RHC 161728 AgR (2018)[50]; HC 165891 (2019)[51]; HC 159807 (2019)[52]; e HC 171891 AgR (2019)[53]. Nos quais há somente a reprodução de um trecho do artigo acadêmico indicando não haver condicionante ao trânsito em julgado para o cumprimento da pena na CADH, sem relacionar esta informação de maneira expressa com o restante da fundamentação apresentada.

Em realidade o que é possível se verificar nestes é o uso de argumento extraído de artigo acadêmico como argumento de autoridade, sendo que o artigo selecionado sim se constrói sobre a jurisprudência da Corte IDH. Ainda a indexação destes casos como decisão estrangeira nestes casos também pode ser entendida como decorativa, já que mesmo que possa existir referência ao conteúdo das sentenças proferidas pela Corte IDH aos mesmos no âmbito deste trabalho acadêmico, este não se transfere para os votos proferidos.

Não obstante ainda em quatro destes: HC 152752 (2018), HC 165891 (2019), HC 159807 (2019), e HC 171891 AgR (2019), apresenta este argumento de autoridade extraído do entendimento da CADH, junto com a Convenção Europeia dos Direitos do Homem[54], perpetuando o tratamento dado pelo STF a Corte IDH

---

[48] STF, RHC 154515 AgR/RO, Rel. Min. Alexandre de Moraes. J. 26/10/2018. Trecho reproduzido nas páginas 11 e 12 do voto do relator neste Acórdão.

[49] STF, RHC 138670 ED, Rel. Min. Alexandre de Moraes. J. 06/11/2018. Trecho reproduzido na página 15 do voto do relator neste Acórdão.

[50] STF, RHC 161728 AgR, Rel. Min. Alexandre de Moraes. J. 14/12/2018. Trecho reproduzido na página 15 do voto do relator neste Acórdão.

[51] STF, HC168591, Rel. Min. Marco Aurélio, J. 11/06/2019. Trecho reproduzido na página 11 do voto do Min. Alexandre de Moraes neste Acordão.

[52] STF, HC 159807, Rel Min. Marco Aurélio, J. 25/06/2019. Trecho reproduzido na página 11 do voto do Min. Alexandre de Moraes neste Acordão.

[53] STF, HC 171891 AgR, Rel. Min. Alexandre de Moraes, J. 09/08/2019. Trecho reproduzido na página 11 do voto do relator neste Acórdão.

[54] Para isto o mesmo trecho é apresentado em parágrafo imediatamente anterior a citação direta extraída do artigo acadêmico já apresentada. "Da mesma maneira, não há nenhuma exigência normativa, seja na Convenção Americana de Direitos Humanos (Pacto de San Jose da Costa Rica), seja na Convenção Europeia dos Direitos do Homem que condicione o início do

como o que se dá a outras Cortes as quais não haja sujeição jurisdicional do Estado brasileiro.

5. A resistência do STF à Corte IDH

No modelo de resistência ou repulsa, em que há desapreço total à jurisprudência transnacional, sendo as decisões transnacionais rechaçadas pelas cortes locais, o que pode acabar conduzindo a uma versão extrema de provincialismo[55], e assim, uma diferenciação ordenativa na sociedade mundial multicêntrica, que acabaria por implicar em um isolamento recíproco, afastando os sistemas jurídicos de quaisquer noção de diálogo, aprendizado ou intercâmbio. Portanto, no insulamento ordenativo mútuo, o paradigma Estatal clássico se fortalece, mesmo diante da intensificação de novas formas de relacionamentos, informais e solenes, no âmbito transnacional, em um trabalho de desconstrução de novas pontes de transição entre as ordens envolvidas[56,57].

Este movimento de repulsa ao conteúdo jurisprudencial da Corte IDH, é marcante na desconsideração das sentenças desta sobre as leis de anistia a crimes cometidos em períodos ditatórias latino-americanos, ainda que o julgamento da ADPF 153, tenha se encerrado em 2010, mesmo ano da condenação do Brasil pela Corte IDH que aponta a incompatibilidade da lei de anistia brasileira com

---

cumprimento da pena ao trânsito em julgado da sentença condenatória. Ambas – respectivamente artigo 8.2 e 6º, 2 – consagram o princípio da presunção de inocência até o momento em que a culpabilidade do acusado for legalmente comprovada, respeitados os demais princípios e garantias penais e processuais penais já analisados."

[55] MARTINS DE ARAUJO, Luis Claudio. *Constitucionalismo transfronteiriço, direitos humanos e direitos fundamentais*: a consistência argumentativa da jurisdição de garantias nos diálogos transnacionais. 1. ed. Rio de Janeiro: Lumen Juris, 2017. 376p .

[56] BERMAN, Paul Schiff. From International Law to Law and Globalization. *Columbia Journal of Transnational Law*, v. 43, n. 2, 2005, p. 485-556.

[57] PETERS, Anne. The merits of global constitutionalism. *Indiana Journal of Global Legal Studies*, v. 16, n. 2, 2009, p. 397-411. Disponível em: http://papers.ssrn.com/sol3/papers.cfm?abstract_id=1492141. Acesso em: 5 mar. 2016.

a CADH, é anterior a esta que ocorre em novembro enquanto o julgado interno se encerra em abril.

No acórdão relativo a ADPF é possível encontrar no voto do relator Eros Grau seguido pela maioria dos ministros menção indireta a Corte IDH realizada por Nilo Batista em Nota Introdutória de obra coletiva, ao indicar que não haveria reconhecimento legal dos ditames desta corte para acontecimentos anteriores ao aceite de sua jurisdição em 1998. Porém a fundamentação para a recepção da lei de anistia pela ordem constitucional posta pela Carta de 1988 se baseia em argumento totalmente alheio a esta discussão haja vista que indica o caráter bilateral da lei nacional, ou seja, teria contado com a participação da oposição em sua construção, enquanto outros modelos como a argentina, chilena e uruguaia seriam unilaterais. Sendo este o cerne para justificar de sua permanência no ordenamento brasileiro.

Não obstante há nesta decisão do STF uma total repulsa ao entendimento reiterado pela Corte IDH, sobre a incompatibilidade das leis de anistia com a CADH, assim como o caráter continuado da violação que destas se originam, em especial as violações de acesso a justiça nos moldes dos artigos 8 e 25 da Convenção, pois entendendo que parcela significativa das anistias se referem a crimes imprescritíveis, dada sua categorização como *lesa humanidade*, de forma que a continua não investigação e responsabilização por estes perpetuam uma violação dos Direitos Humanos protegidos pela CADH.

Sobre esta incompatibilidade destaca-se as condenações do Brasil pela Corte IDH, nos casos Gomes Lund, sentença for proferida em 24 de novembro de 2010, referente aos desaparecimentos forçados durante a guerrilha do Araguaia; e o Caso Vladimir Herzog, sentença datada de março de 2018, sobre o assassinato durante interrogatório associado a tortura de jornalista seguido de acobertamento do fato taxando o ocorrido com suicídio.

6. O diálogo entre a Corte IDH e o STF

No modelo dialógico ou de interlocução, há abertura para a compreensão, discussão, reflexão e aproveitamento das decisões transnacionais, que parece permitir uma abordagem mais ampla do tema, a partir da compreensão das razões de decidir *(ratio decidendi* ou *holding)* da Corte, como um aporte para a justificação da consistência argumentativa da jurisdição de garantias nos diálogos transnacionais [58]. Logo, esta interação, baseada na noção de diálogo, em um trabalho de observação mútua, em que as ordens jurídicas devem cooperar em prol de formas de desenvolvimento de relações jurídicas estáveis, para soluções dialeticamente conduzidas no intercâmbio permanente de cortes, o que permite a incorporação e o enriquecimento das decisões tomadas no sistema jurisdicional global, em uma troca que gera a migração de ideias, e, consequentemente, uma maior uniformidade no tratamento de problemas comuns, visando ao aprendizado e fortalecimento recíproco, para o aprimoramento discursivo em prol da solução mais favorável ao ser humano [59].

Este modelo de relação parece começar a aparecer somente nos últimos anos como no RE 591.582 [60] em 2015, interposto contra julgado do TJMS que havia decidido pela impossibilidade de se determinar judicialmente a reforma da Casa de albergado de Uruguaiana, e que tinha como fundamento a reserva do possível e a discricionariedade da Administração na formulação de políticas públicas.

A jurisprudência da Corte IDH é sido suscitada apenas no voto do relator, Min. Ricardo Lewandowski, neste se reporta as condenações ao Estado brasileiro sobre presídios: casos Urso Branco, Unidade de Internação Socioeducativa do Espírito Santo - UNIS, FEBEM e o da Prisão de Araraquara. Este voto é seguido pela maioria dos membros do tribunal ainda que ministros que o façam esta referência a Corte IDH.

São mais especificamente três parágrafos, no subtópico 15 dos 22 que compõem seu voto, onde identifica o caso do Presídio José Mário Alves da Silva, conhecido como Urso Branco, como a decisão

---

[58] MARTINS DE ARAUJO, Luis Claudio. Constitucionalismo transfronteiriço, direitos humanos e direitos fundamentais: a consistência argumentativa da jurisdição de garantias nos diálogos transnacionais. 1. ed. Rio de Janeiro: Lumen Juris, 2017. 376p .

[59] TRINDADE, André Karam; MORAIS, Fausto Santos de. Do provincianismo constitucional ao transconstitucionalismo: a proteção dos Direitos Humanos através da integração dos ordenamentos jurídicos. In COSTA, Ana Paula Motta; REIS, Maurício Martins (Orgs.). *Direitos fundamentais e espaço público.* Passo Fundo: IMED, 2012, v. 3, p. 89.

[60] STF, RE 591.582, Rel. Min. Ricardo Lewandowski, J. 13.08.2015.

paradigmática da Corte IDH sobre os problemas estruturais do sistema penitenciário nacional e identifica a existência das demais condenações supracitadas. Outro destaque deste voto para proposta deste estudo é o apontamento realizado sobre a indivisibilidade do Estado frente sua responsabilidade internacional, não cabendo assim justificar através de sua estrutura político-administrativa, separação de poderes ou federalismo como resposta ao se indicar violações.

Há neste um primeiro passo em direção a um diálogo efetivo, há a observância dos ditames da Corte IDH como parte de fato integrante da *ratio decidendi* do voto proferido pelo relator na construção de que não era possível afastar a responsabilidade estatal de garantia de condições mínimas na unidade prisional de Uruguaiana.

Outro exemplo mais recente pode ser observado na ADI 3239, onde se conclui a inocorrência de inconstitucionalidade formal e material do Decreto nº 4.887/2003, que regulamenta os procedimentos para garantir a titulação das comunidades descendentes de quilombos, posta no artigo 68 da ADCT. Nesta ação em voto-vista da Min. Rosa Weber, onde aponta a Sentença da Corte IDH, em seu caso Mayagna (Sumo) Awas Tingini vs. Nicarágua, onde a mesma demanda ao Estado que efetive a delimitação e titulação "equipasse o seu direito interno com mecanismos para efetivar a delimitação e a titulação da propriedade dos povos tradicionais, em conformidade com seus costumes, fosse por medidas legislativas, fosse por medidas administrativas ou de qualquer outro caráter – justamente por se tratar de direito fundamental."[61] Destaca ainda que havia reconhecimento constitucional de tal direito na Nicarágua. É a partir deste que se constrói em dito voto o afastamento formal de inconstitucionalidade do decreto, haja vista que entende ser este um exercício do poder regulamentar da Administração Pública.

No que tange o afastamento material de inconstitucionalidade o diálogo se estabelece com dois casos da Corte contra o Estado do Suriname, onde se reconhece o direito de propriedade de descendentes dos marrons, e que a proteção à propriedade dos povos tradicionais é obrigação estatal positiva, devendo este adotar medidas para garantia do exercício pleno do direito destes povos a seus territórios tradicionais. Em relação ao qual destaca o caráter

---

[61] Páginas 20 e 21 do Voto-vista da Min. Rosa Weber na ADI 3239

coletivo desta propriedade.

Destaca-se neste que a Min. Rosa Weber não foi a única a buscar a jurisprudência da Corte IDH, sendo os casos contra o Estado do Suriname também apresentados no voto do Min. Roberto Barroso. E ainda que seu voto contrário ao relator, e que se utiliza desta construção com a jurisprudência da Corte IDH, acaba por ter a tese vencedora deste julgado.

7. Apontamentos finais

É possível afirmar a inegável importância de uma racionalidade transversal, quando em busca de um diálogo mínimo entre os sistemas jurídicos, em uma sociedade cuja interlocução transnacional representa a nova semântica do constitucionalismo, tanto como exigência funcional, quanto como pretensão normativa, devendo assim o constitucionalismo transfronteiriço buscar não apenas a adequação social do direito, mas também a consistência jurídica nos sistemas democráticos contra particularismos ilegítimos[62].

Neste esteio é possível concluir que ainda há um largo caminho para consolidação de uma troca efetiva entre as duas Cortes analisadas, é notório o crescimento quantitativo da presença da Corte IDH nas decisões do supremo, com especial destaque para os últimos três anos, nos quais se concentram 60% das menções a esta, são 27 julgados frente a 18, ou seja 40% no período de 2008 a 2016. Informação que por si só já é capaz de oferecer indícios da crescente importância que o tribunal nacional está dado a Corte IDH.

Porém, é possível perceber ainda outros aspectos se alterando nesta dinâmica, seja pela presença da jurisprudência da Corte IDH no voto de mais Ministros, como Alexandre de Moraes (ainda que em um uso decorativo) e Fachin que menciona em diferentes decisões. Este dado por sua vez indica que a crescente apontada no parágrafo anterior não é reflexa de um posicionamento isolado de um dos membros do tribunal, indicando ser uma tendência do tribunal como instituição.

---

[62] CHANG, Wen-Chen; YEH, Jiunn-Rong. The emergence of transnational constitutionalism: Its features, challenges and solutions. *Penn State International Law Review*, v. 27, n. 1, 2008, p. 89-124. Disponível em: http://papers.ssrn.com/sol3/   papers.cfm?abstract_id=1636163##. Acesso em: 15 fev. 2016.

A consideração da lógica da decisão da Corte para construção da *ratio* no STF, já é possível de se verificar como nos casos indicados no modelo de diálogo, ainda que não em profusão são claros e demandam um acompanhamento das decisões futuras de ambos tribunais para que se verifique como será a consolidação desta nova dinâmica que se apresenta.

Sem desconsiderar que é inegável que ainda existem muitas construções na jurisprudência da Corte IDH, que a nosso ver poderiam suportar o embasamento dos votos proferidos no tribunal nacional. Sejam nas próprias condenações do Brasil, como nos casos dos presídios, onde se estabelecem parâmetros de proteção mínimos a serem observados quando em situações de privação de liberdade, ou nas condenações de outros Estados, em especial quando versem sobre problemáticas comuns em nossa região, como demarcação de terras tradicionais e o acesso à justiça, verdade e reparação, em especial quando se referem a violações durante períodos ditatoriais.

Outra fonte de expertise que não deve ser desconsiderada são as opiniões consultivas proferidas pela Corte IDH, sobre as quais é possível verificar uma crescente, ainda que tímida em seu uso, tendo o tribunal doméstico superado a menção exclusiva à OC-05/85, sobre a associação obrigatória de jornalistas; e tenha incluído nos últimos anos discussões mais recentes como as contidas nas OCs 23 e 24, sobre proteção ao meio ambiente e a discussão sobre gênero, identidade e não discriminação respectivamente, ambas proferidas no ano de 2017.

Há ainda que se observar como a Corte IDH reflete a corte brasileira, ainda que em um levantamento preliminar este não pareça acontecer para além dos momentos em que contesta os julgados nacionais como a ADPF 153, que mantêm a anistia aos crimes da ditadura. Esse monitoramento poderá indicar se o crescente diálogo que percebemos a nível doméstico se refletirá na esfera internacional, tal como permitirá que se explore os possíveis fundamentos desta resposta.

Referências bibliográficas

ACKERMAN, Bruce. New separation of powers. *Harvard Law Review*, v. 133, p. 633, 2000.

ADAM, Colin Turpin. *British Government and the Constitution.* Cambridge: Cambridge University Press, 2011.

BARROSO, Luis Roberto. Contramajoritário, Representativo e Iluminista: Os papeis dos tribunais constitucionais nas democracias contemporâneas Disponível em: <https://www.e-publicacoes.uerj.br/index.php/revistaceaju/article/view/30806>. Acesso em: 10 jan. 2019.

BICKEL, Alexander. Foreword: the passive virtues. *Harvard Law Review*, v. 75, 1961.

BRANDÃO, Rodrigo. *Supremacia judicial versus diálogos constitucionais*: a quem cabe a última palavra sobre o sentido da Constituição? Rio de Janeiro: Lumen Juris, 2012.

CANOTILHO, José Joaquim Gomes. *Direito constitucional e teoria da Constituição*. 5. ed. Coimbra: Almedina, 2002.

CHILDRESS III, Donald E. Using Comparative constitutional law to resolve domestic federal questions. *Duke Law Journal*, n. 53, 2003.

CRAIG, Paul. Constitutionalizing Constitutional Law: HS2, [2014] Public Law 373. *Oxford Legal Studies Research Paper*, n. 45, 2014.

DIXON, Rosalind. Weak-form judicial review and the American excepcionalism. *Chicago Law School Public Law and Legal Theory Working Papers Series*, n. 348, 2011.

DWORKIN, Ronald. *O domínio da vida*. Tradução Jefferson Luiz Camargo. São Paulo: Martins Fontes, 2003.

__________. *O império do direito*. São Paulo: Martins Fontes, 2007.

ELLIOTT, Mark. Interpretative Bills of Rights and the Mystery of the Unwritten Constitution. *New Zealand Law Review*, n. 4, 2011, p. 591-623.

__________; THOMAS, Robert. *Public law*. Oxford: Oxford University Press, 2014.

ELKINS, Zachary; GINSBURG, Tom; MELTON, James. *The Endurance of National Constitutions*. New York: Cambridge University Press, 2009. 270pp.

HABERMAS, Jürgen. *Direito e democracia*: entre facticidade e validade. Tradução Flávio Beno Siebeneichler. 2. ed. Rio de Janeiro: Tempo Brasileiro, 2003, v. 1.

__________. *Teoria de la accion comunicativa*. Madrid: Taurus Ediciones, 1987.

HOGG, Peter; BUSHELL, Allison. The "Charter" dialogue betweeen Courts and Legislatures. *Osgood Hall Law Journal*, v. 35, n. 1, 1997.

LECLAIR, Jean. Réflexions critiques au sujet de la métaphore du dialogue en droit constitutionnel canadien. *Revue du Barreau*, Numéro Spécial, 2003. Disponível em: <https://papyrus.bib.umontreal.ca/jspui/handle/1866/2549>. Acesso em: 10 jan. 2016.

LEGALE, Siddharta. *A Corte Interamericana como Tribunal Constitucional.* Rio de Janeiro: Lumen Juris, 2019

______. Neoconstitucionalismo internacionalizado e internacionalização do direito: o engajamento tardio do direito constitucional do Brasil na esfera internacional. In: Carmen Tibúrcio. (Org.). *Direito Internacional - Coleção 80 anos da UERJ.* 1ed.Rio de Janeiro: Freitas Bastos, 2015, v. , p. 543-570.

LEVINSON, Daryl; PILDES, Richard. Separation of parties, not Powers. *Harvard Law Review*, v. 119, n. 1, 2006.

MARTINS DE ARAUJO, Luis Claudio. *Constitucionalismo transfronteiriço, direitos humanos e direitos fundamentais:* a consistência argumentativa da jurisdição de garantias nos diálogos transnacionais. 1. ed. Rio de Janeiro: Lumen Juris, 2017. 376p .

______. Supremacia ou diálogos judiciais? O desenvolvimento de uma jurisdição constitucional verdadeiramente democrática a partir da leitura institucional. *Revista do Instituto do Direito Brasileiro*, v. 1, 2014, p. 1-46.

MIRANDA, Jorge. *Teoria do Estado e da Constituição.* 2. ed. Rio de Janeiro: Forense, 2009.

MOREIRA, Eduardo Ribeiro. La reforma de las constituciones de Bolivia, Ecuador y Venezuela según el neuvo modelo de constitucionalismo bolivarianao. In: TAYAH, José Marco; ARAGÃO, Paulo (Org.). *Reflexiones sobre Derecho Latino Americano.* Buenos Aires: Editorial Quorum, 2012, v. 7, p. 17-33.

NEVES, Marcelo. *Transconstitucionalismo.* São Paulo. Martins Fontes, 2009.

PIOVESAN, Flávia. (Org.). Nos limites da vida: interrupção voluntária da gravidez, clonagem humana e eutanásia sob a perspectiva dos direitos humanos. Rio de Janeiro: Lumen Juris, 2006

RAWLS, John. *Justiça e democracia.* São Paulo: Martins Fontes, 2000.

______. *O liberalismo político.* 2. ed. São Paulo: Ática, 2000.

ROSENFELD, Michel. The Rule of Law and the Legitimacy of Constitutional Democracy. Cardoso Law School, *Working Paper Series*, n. 36, 2001. Disponível em:

<http://papers.ssrn.com/paper.taf?abstract_id=262350>. Acesso em: 6 fev. 2016.

SAMPAIO, José Adércio Leite. Mito e história da Constituição: prenúncios sobre a constitucionalização do direito. In: SOUZA NETO, Cláudio Pereira de; SARMENTO, Daniel (Org.). *A constitucionalização do direito: fundamentos teóricos e aplicações específicas.* Rio de Janeiro: Lumen Juris, 2007, v. 1, p. 177-201.

__________. Teorias constitucionais em perspectiva: em busca de uma Constituição pluridimensional. In: SAMPAIO, José Adércio Leite (Coord.). *Crises e desafios da Constituição*: perspectivas críticas da teoria e das práticas constitucionais brasileiras. Belo Horizonte: Del Rey, 2004, p. 3-54.

SARLET, Ingo Wolfgang; MARINONI, Luiz Guilherme; MITIDIERO, Daniel. *Curso de direito constitucional.* São Paulo: Revista dos Tribunais, 2012.

SOUZA NETO, Claudio Pereira. A justiciabilidade dos direitos sociais. Críticas e parâmetros. In: SOUZA NETO, Claudio Pereira. SARMENTO, Daniel (Org.). *Direitos sociais*: fundamentos, judicialização e direitos sociais em espécie. Rio de Janeiro: Lumen Juris, 2008.

__________; SARMENTO, Daniel. *Direito constitucional:* teoria, história e métodos de trabalho. Belo Horizonte: Fórum, 2012.

SUNSTEIN, Cass R. Beyond Judicial Minimalism. *Harvard Public Law Working Paper*, n. 08-40, 2008. Disponível em: <http://ssrn.com/abstract=1274200>. Acesso em: 6 fev. 2016.

__________. Beyond Marbury: the Executive's power to say what the Law is. *Chicago Law Scholl and Economics Working Papers Series*, n. 268, 2005.

SUNSTEIN, Cass R.; VERMEULE, Adrian. Interpretation and institutions. *Chicago Public Law and Legal Theory Working Paper Series*, n. 28, 2002.

TREMBLAY, Luc. The legitimacy of judicial review: the limits of dialogue between Courts and Legislatures. *International Journal of Constitutional Law*, v. 3, n. 4, 2005.

VERMEULE, Adrian. System Effects and the Constitution. *Harvard Law School Paper*, n. 642, 2009.

WALDRON, Jeremy. O judicial review e as condições da democracia. Tradução Julia Sichieri Moura. In: BIGONHA, Antônio Carlos Alpino; MOREIRA, Luiz (Orgs.). *Limites do controle de constitucionalidade*. Rio de Janeiro: Lumen Juris, 2009. Coleção ANPR de direito e democracia.

WALZER, Michael. *Pluralism and democracy*. Paris: Editions Esprit, 1997.

______. *Spheres of Justice*: A defense of pluralism and equality. New York: Basic Books, 1983.

WOLFE, Christopher. *The rise of modern judicial review*: from constitutional interpretation to judge-made law. Boston: Littlefield Adams Quality Paperbacks, 1994.

WOLKMER, Antonio Carlos. *Fundamentos de história do direito*. 3. ed. Belo Horizonte: Del Rey, 2006.

______. *Pluralismo Jurídico:* fundamentos de uma nova cultura no Direito. 3. ed. São Paulo: Alfa-Omega, 2001.

YEPES, Rodrigo Uprimny. A judicialização da política na Colômbia: casos, potencialidades e riscos. *Sur. Revista Internacional de Direitos Humanos*, São Paulo, v. 4, n. 6, 2007.

ZURN, Christopher F. *Deliberative Democracy and the Institutions of Judicial Review*. New York: Cambridge University Press, 2007.

Transconstitucionalismo x nacionalismo: as perspectivas de Marcelo Neves e Yoram Hazony sobre os conflitos de direito na sociedade contemporânea

HELOÍSA FERNANDA SILVA SANTOS

Introdução

A globalização é um fato característico no mundo contemporâneo[1], desta sociedade de informação que adota um sistema econômico capitalista. Uma das consequências deste fenômeno é a "eliminação" das barreiras, se não físicas e geográficas, mas sim de comunicação, transformando as noções de tempo e espaço, fazendo com que haja uma constante circulação de bens, capitais, pessoas, serviços, tecnologias e informações, em tempo real, entre os Estados-nações[2]; tornando o mundo uma verdadeira aldeia global, uma sociedade cosmopolita, cujas transformações sociais acontecem concomitantemente, possibilitando uma maior interação entre os povos.

Essa maior interação entre os países permitiu o acesso a diversas

---

[1] Em verdade, analisando os tempos históricos, entendo ser possível afirmar que essa interação entre os povos não é um fenômeno tão recente; ele já acontece desde a Antiguidade, a partir das grandes navegações e descobertas de novos continentes. O que caracteriza o momento presente é a velocidade acelerada com que essa interação acontece em virtude do próprio desenvolvimento tecnológico.

[2] Estados-nações deve ser compreendido neste artigo como uma sociedade político-territorial soberana, formada por três elementos: um Estado (que se traduz em uma ordem jurídica que coordena e regula toda a atividade social); uma nação (uma sociedade politicamente organizada que compartilha uma história em comum); e um território (base geográfica delimitada fisicamente). Os Estados-nações surgiram a partir da revolução capitalista, em substituição ao sistema feudal e aos antigos impérios. (BRESSER-PEREIRA, 2017; p. 158). Aqui também será considerado sinônimo de país/países.

culturas e formas de ver, pensar e experienciar o mundo; de conviver e conhecer uma sociedade tão heterogênea; apresentando definições diferentes quanto a conceitos como direitos, liberdades individuais, direitos humanos e direitos fundamentais[3], deveres, costumes, responsabilidades, entre outros. Logo, era de se esperar que surgissem conflitos, vez que estes são inerentes as sociedades humanas e, deste modo, o direito, enquanto mecanismo de controle social, não teria como ficar à parte desse movimento de trocas e interações sociais.

Diante do cenário acima destacado, observa-se que uma prática comum no mundo contemporâneo é a interferência de um ordenamento jurídico vigente em um país pelas normas jurídicas de outro país ou ainda de organismos internacionais, dotados de personalidade jurídica, como por exemplo, as decisões estipuladas pela Organização das Nações Unidas (ONU) e que passam a vigorar em um país; como também assinatura de pactos internacionais entre as ordens soberanas a partir da criação de associações transnacionais para resolução de conflitos, como é o caso, por exemplo, da Corte Interamericana dos Direitos Humanos (CIDH)[4].

---

[3] Neves diferencia esses direitos nos seguintes termos: "Dessa maneira, tanto os direitos humanos quanto os direitos fundamentais dizem respeito à inclusão da pessoa e à diferenciação da sociedade. Os conteúdos praticamente coincidem. A diferença reside no âmbito de suas pretensões de validade. Os direitos fundamentais valem dentro de uma ordem constitucional estatalmente delimitada. Os direitos humanos pretendem valer para o sistema jurídico mundial de níveis múltiplos, ou seja, para qualquer ordem jurídica existente na sociedade mundial (não apenas para a ordem jurídica internacional). (2009, p. 253).

[4] A CIDH é um órgão principal e autônomo da Organização dos Estados Americanos (OEA) encarregado da promoção e proteção dos direitos humanos no continente americano. É integrada por sete membros independentes que atuam de forma pessoal e tem sua sede em Washington, D.C. Foi criada pela OEA em 1959 e, juntamente com a Corte Interamericana de Direitos Humanos (Corte IDH), instalada em 1979, é uma instituição do Sistema Interamericano de proteção dos direitos humanos (SIDH). O Brasil está entre os 24 (vinte e quatro) países que reconhecem a autoridade da CIDH em território nacional, a partir da ratificação da Convenção Americana sobre Direitos Humanos. (OEA, 2020).

Assim, essa mundialização do direito[5], ou globalização do direito[6] ou ainda "comércio entre os juízes"[7] - no sentido de troca, de intercâmbio - possui por funções estabelecer tanto as regras mínimas a fim de garantir maior segurança no intercâmbio característico da sociedade contemporânea, bem como contribuir com a ambição de propagação dos chamados direitos fundamentais do homem, de segunda e terceira gerações (direitos econômicos, sociais, ambientais, culturais).

Essa relação de interação e contato entre os ordenamentos jurídicos em uma sociedade globalizada não é compreendida de forma pacífica pelos juristas, doutrinadores, cientistas políticos, pensadores em geral. Existem perspectivas mais otimistas como as de Marty e Slaughter (2004)[8], que enxergam que a mundialização do direito serve ao propósito de estabilizar as relações entre os homens já não a um nível da comunidade ou da nação, mas diretamente no plano global ou cosmopolita; bem como a visão do próprio Yoram Hazony (2019), que distingue nesta inter-relação um reflexo do imperialismo americano, um projeto ambicioso de dominação das nações.

O presente artigo trará uma abordagem apresentando as ideias de dois pensadores contemporâneos, sob perspectivas diferentes: de

---

[5] A expressão mundialização do direito apresenta o significado atribuído pelos autores Julie Allard (filósofa) e Antoine Garapon (magistrado), em obra intitulada *"Os Juízes na Mundialização: a nova revolução do direito"*, onde os autores afirmam que o direito se tornou um bem intercambiável, transpondo fronteiras como se fosse um produto de exportação. (2005, p. 7-8).

[6] Nas palavras do Ministro Luís Roberto Barroso "a globalização do direito é uma característica essencial do mundo moderno, que promove, no seu atual estágio, a confluência entre Direito Constitucional, Direito Internacional e Direitos Humanos". (https://www.editoraforum.com.br/noticias/em-livro-ministro-luis-roberto-barroso-mostra-importancia-do-conceito-de-dignidade-humana-na-jurisprudencia-nacional-e-internacional/).

[7] O novo comércio entre juízes não é um espaço legislativo à revelia, mas sim um fórum informal de intercâmbios situado, na maior parte das vezes, à margem dos mecanismos institucionais. (GARAPON, 2006, p.15).

[8] MARTY, M.D.; SLAUGHTER, A.M. *apud* ALLARD, Julie; GARAPON, Antoine. **Os Juízes na Mundialização:** a nova revolução do direito. Trad. Rogério Alves. Ed. Instituto Piaget. 2006.

um lado o professor Marcelo Neves a partir da sua tese do *"Transconstitucionalismo"*, que tem uma obra publicada com o mesmo nome; e, de outro lado, as ideias do teórico judeu Yoram Hazony, autor do livro *"A Virtude do Nacionalismo"*[9], cujos fundamentos vão de encontro a ideia do transconstitucionalismo.

O transconstitucionalismo na visão de Marcelo Neves

Os Estados-nações que adotam uma Constituição, seja ela codificada ou não, a compreendem como uma norma de alta relevância e obediência em todo o território, contendo as diretrizes básicas de organização da vida sócio-política-jurídica do respectivo povo. A partir da Constituição, todo o ordenamento jurídico deverá ter suas normas elaboradas ou adequadas ao que ela propõe/determina, sob pena de vir a ser considerada inconstitucional, perdendo a validade e podendo ser retirada do conjunto de leis vigentes.

A elaboração de uma Constituição ressalta uma importante característica do país: a soberania nacional, o poder de decisão sobre questões fundamentais do Estado, a partir de um conjunto de normas elaboradas por uma autoridade detentora de um poder devidamente legitimado para tal finalidade.

Como visto na introdução do presente texto, é inegável na atualidade a existência de uma relação de interdependência entre ordens jurídicas. Essa relação pode ocorrer em múltiplos níveis, quais sejam: *nacionais* (entre ordens estatais internas e soberanas em seus respectivos territórios), *internacionais* (sendo o direito produzido pelos próprios Estados, nas duas principais fontes: costumes e tratados)[10] e *supranacionais* (que pressupõe uma delegação mínima de parcela da soberania do Estado-nação, em prol de uma atuação e de um direito comunitário adotado por um grupo, um bloco econômico, por exemplo, que integra aquela instituição supranacional).

Os fundamentos basilares de ordens jurídicas diversas podem

---

[9] A obra *A Virtude do Nacionalismo* foi traduzida para o português por Evandro Fernandes de Pontes, professor do Instituto de Ensino e Pesquisa, localizado em São Paulo (Insper SP), através da editora Vide Editorial, em 2019. A referida obra foi eleita o Livro Conservador do Ano de 2019.
[10] LIZIERO, Leonam. **Levando Kelsen à sério**. Ed. Meraki, 2019, p. 64.

apresentar-se diferentes, uns dos outros, culminando em decisões distintas sobre uma mesma temática. O grande dilema seria, portanto, qual decisão prevalecer na resolução do conflito existente, buscando-se respostas para as seguintes indagações: uma decisão de instituição supranacional possui maior força hierárquica do que as normas constitucionais estatais? Qual a legitimidade de uma decisão de um organismo internacional perante o ordenamento jurídico pátrio? Como impor a execução de uma decisão externa em um território de um Estado-nação soberano? Como dirimir conflitos decisionais entre ordens jurídicas diversas – internacional e supranacional – ambas com efeitos no mesmo território nacional? É possível uma "conversação" entre as normas jurídicas diversas?

Ante tais problemáticas, o transconstitucionalismo, nos termos proposto pelo professor Marcelo Neves[11] deve ser compreendido como o indispensável entrelaçamento de ordens jurídicas diversas, tanto estatais como transnacionais, internacionais e supranacionais, em torno dos mesmos problemas de natureza constitucional, ou seja, problemas de direitos fundamentais e limitação de poder que são discutidos ao mesmo tempo por tribunais de ordens distintas.[12]

O transconstitucionalismo não deve ser confundido com a denominada Constituição Transversal, haja vista que, enquanto aquele diz respeito a problemas envolvendo ordens jurídicas diversas e, portanto, integrantes de um mesmo sistema social – o direito; esta diz respeito a relação estabelecida entre dois sistemas sociais diferentes: o direito e a política, afirmando Neves (2009, p. 62) que o que é predefinido politicamente é compreensível juridicamente mediante a Constituição, existindo, pois, um intercâmbio e aprendizado mútuo onde a consistência jurídica e a adequação política do direito contribuam para a consistência política e a

---

[11] Marcelo Neves é professor de Direito Constitucional da Universidade de Brasília (UnB), autor da obra *"Transconstitucionalismo"*, publicado pela editora VMF Martins Fontes, em 2009.

[12] NEVES, Marcelo. **Acesso a justiça não é só o direito de ajuizar ações.** Revista Consultor Jurídico. Disponível em https://www.conjur.com.br/2009-jul-12/fimde-entrevista-marcelo-neves-professor-conselheiro-cnj. Acesso em: 25 de fev de 2020.

adequação jurídica da política[13].

O transconstitucionalismo fundamenta-se na ideia da possibilidade de existência de um diálogo entre as ordens jurídicas conflitantes, entre os diversos níveis apresentados (nacionais, internacionais, supranacionais e transnacionais), afastando a visão de hierarquia entre as mesmas, substituindo-a pela ideia de cooperação, sinergia, colaboração entre as normas para assim chegar-se à resolução do conflito.

Neves cita ainda a expressão *"sistema jurídico mundial de níveis múltiplos"* enfatizando a pluralidade de ordens cujos tipos estruturais, formas de diferenciação, modelos de autocompreensão e modos de concretização são fortemente diversos e peculiares e, portanto, nenhuma delas pode ser a detentora da *ultima ratio*[14].

O *"diálogo"* entre as normas permite que haja o devido respeito a valores considerados fundamentais para aquele Estado-nação, sejam eles jurídicos, políticos, sociais, culturais, afastando, deste modo, qualquer possibilidade de supremacia de uma ordem sobre a outra. Contudo, Neves (2009, p. 118) também afirma que essa possibilidade de diálogo entre as ordens jurídicas diversas não deve ser compreendida como uma cooperação permanente, haja vista a própria diversidade em suas essências, que se constitui naturalmente em potencial espaço de disputa, esclarecendo qualquer pensamento de uma realidade utópica de consenso *ad aeternum*.

Os juízes ou autoridades que proferem a decisão do conflito agem de modo a apresentar disposição para aprender sobre *"o novo"*, para aprenderem uns com os outros; isto é, eles optam pela horizontalidade do intercâmbio em detrimento da verticalidade legiscêntrica ou da anterioridade do precedente[15]. Tal disposição de aprender com o (s) outro (s) leva ao fenômeno que, na língua inglesa, recebe o nome de *"judicial comity"* que não é uma regra de direito, mas essencialmente um princípio prático de cordialidade em relação ao direito estrangeiro, havendo o reconhecimento em território

---

[13] NEVES, Marcelo. **Transconstitucionalismo**. São Paulo: VMF Martins Fontes Ltda., 2009.

[14] NEVES, Marcelo. **Transconstitucionalismo**. São Paulo: VMF Martins Fontes Ltda., 2009.

[15] ALLARD, Julie; GARAPON, Antoine. **Os Juízes na Mundialização:** a nova revolução do direito. Trad. Rogério Alves. Ed. Instituto Piaget. 2006, p. 72.

nacional ou nos próprios tribunais de instituições e normas de nações estrangeiras.[16]

Ante a ausência de relação de hierarquia e a presença da horizontalidade e valoração idêntica das normas em conflito, as autoridades competentes não estariam obrigados/vinculados a decidirem por uma ou outra norma. Contudo, é inegável que ao escolherem pelo diálogo entre as ordens jurídicas, o fazem a partir do que pode ser considerado uma força motriz que é a argumentação, apresentando não uma autoridade legiferante, mas sim uma autoridade persuasiva, a fim de legitimar seus argumentos perante as expectativas sociais.

Uma proposta/esboço de metodologia para aplicação do transconstitucionalismo também é trazida por Neves em sua obra de mesmo título[17]. O referido autor argumenta que o transconstitucionalismo deve partir da chamada *"dupla contingência"*, nos termos apresentados pelo sociólogo alemão Niklas Luhmann. A dupla contingência, de início, apresenta a relação de observação recíproca estabelecida entre o *ego* e o *alter* nas vinculações de interação social. Em breves linhas, *ego* entende que *alter* pode ter uma ação diversa daquela projetada por *ego* e vice-versa, importando em reconhecimento de um grau de liberdade na tomada de decisões e atitudes de um para com o outro.

Este reconhecimento e esta observação de um sistema para com o outro, no caso em comento, de uma ordem jurídica (*ego*) para com a outra (*alter*), em uma estrutura autorreferencial, demonstra uma abertura para enxergar, de modo recíproco, elementos fundantes que possam ser utilizados para uma autotransformação, no sentido de um primeiro passo para o diálogo transconstitucional[18], diferindo desde o início, como é possível observar, da ideia de hierarquia e sobreposição de uma ordem pela outra.

---

[16] ALLARD, Julie; GARAPON, Antoine. **Os Juízes na Mundialização:** a nova revolução do direito. Trad. Rogério Alves. Ed. Instituto Piaget. 2006, p. 74.

[17] NEVES, Marcelo. **Transconstitucionalismo**. São Paulo: VMF Martins Fontes Ltda., 2009, p. 270-271.

[18] FREITAS, Rafael; ARAÚJO, Luís Claudio Martins. **Pluralização Ordenativa e Conflitos Constitucionais:** novos paradigmas de estabilização normativa nos sistemas transnacionais. Revista de Estudos Jurídico UNESP, a.22, n° 36, 2018, pág. 44.

A ausência da disposição de uma ordem jurídica exercer a alteridade, por meio do reconhecimento da validade e dos fundamentos de outra ordem jurídica tem por consequência o isolamento de ordem jurídica que não abre mão de sua identidade[19], existindo uma relação de bloqueio recíproco, que vai de encontro ao que propõe o transconstitucionalismo.[20]

Para melhor visualização pelo leitor da aplicação do transconstitucionalismo, destaco dois exemplos emblemáticos trazidos pelo próprio Marcelo Neves, em sua obra já mencionada. Um primeiro caso trata-se do transconstitucionalismo entre ordens jurídicas estatais: o caso *State v. Makwanyane*[21], em 2005, no qual foi declarada a inconstitucionalidade da pena de morte na África do Sul, pela Corte Constitucional sul-africana, tendo por base ordens jurídicas de outros Estados tais como o Tribunal Constitucional Alemão e a Corte Europeia de Direitos Humanos; ambos os tribunais entenderam que a pena de morte seria desproporcional ao cometimento de delitos, violando o direito fundamental à vida e a dignidade da pessoa humana; poderia haver a substituição pela prisão perpétua, uma vez que esta traria resultados práticos almejados também com a pena de morte, qual seja: o não cometimento de novos crimes; por fim, a prisão perpétua deveria ser revista periodicamente e garantir uma chance do sujeito voltar a ser livre, a partir de critérios previsto legalmente. Como a Constituição sul-africana não previa a pena de morte e nem a proibia expressamente, a fim de resolver o impasse, os juízes na resolução deste caso, adotaram os posicionamentos dos tribunais europeu e alemão[22], bem como das Supremas Cortes dos Estados Unidos e do Canadá e ainda do Tribunal de Apelação da Tanzânia. Ademais, o próprio texto

---

[19] Abrir mão da identidade deve ser compreendida como estar disposta a enxergar e refletir sobre os fundamentos da outra ordem jurídica e não deve ser entendida como sinônimo de convergência total e aceitação irrestrita dos mesmos.

[20] NEVES, Marcelo. **Transconstitucionalismo**. São Paulo: VMF Martins Fontes Ltda., 2009, p. 272-273.

[21] NEVES, Marcelo. **Transconstitucionalismo**. São Paulo: VMF Martins Fontes Ltda., 2009, p. 171-172.

[22] COSTA NETO, João. **A Corte Constitucional sul-africana e os direitos fundamentais:** um paradigma a ser seguido?. OBSERVATÓRIO DA JURISDIÇÃO CONSTITUCIONAL. Brasília: IDP, Ano 7, no. 1, jan./jun. 2014. ISSN 1982-4564.

constitucional da África do Sul, prevê a possibilidade de qualquer corte ou tribunal africano, ao interpretar a declaração constitucional de direitos, pode levar em consideração o direito internacional e o direito estrangeiro, demonstrando uma abertura para realização do diálogo constitucional e a efetivação do transconstitucionalismo entre os Estados-nações.

Outro caso emblemático de aplicação do transconstitucionalismo, ocorrido este na ordem jurídica brasileira, trata-se do julgamento da ADPF 132/RJ[23], que reconheceu pela primeira vez no direito brasileiro a existência de união estável entre casais homossexuais, desde que atendam aos requisitos de "convivência pública, notória e duradoura", conforme previstos no Código Civil e merecendo, portanto, a mesma proteção das uniões estáveis constituídas entre casais heterossexuais. No julgamento da referida ADPF, alguns dos ministros favoráveis ao reconhecido de tal direito, utilizaram do transconstitucionalismo, a saber: o ministro Gilmar Mendes trouxe fundamentos expostos pelo Tribunal Europeu dos Direitos Humanos[24]; o ministro Marco Aurélio, por seu turno, informou sobre as decisões tomadas pela Corte Interamericana dos Direitos Humanos[25] e o ministro Celso de Mello, por fim, elencou diversos precedentes da Suprema Corte dos Estados Unidos da América[26] que serviram de decisões

---

[23] BRASIL. Supremo Tribunal Federal. ADPF nº 132/RJ. União estável entre pessoas do mesmo sexo. Arguente: governador do estado do Rio de Janeiro. Relator: Ministro Ayres Britto. Brasília, DF, 05 de Maio de 2011. Diário da Justiça, n. 198, out. 2011.

[24] Trecho do voto: "A tendência mundial é, entretanto, a crescente afirmação das uniões homoafetivas. Na Europa, o Tribunal Europeu dos Direitos Humanos, ainda que não tenha reconhecido nenhuma espécie de direito para casais do mesmo sexo, já indicou que os parâmetros para sua aceitação devem ser desenvolvidos nos Estados europeus (2011, p. 168-169). (grifo nosso).

[25] Trecho do voto: "Incumbe a cada indivíduo formular as escolhas de vida que levarão ao desenvolvimento pleno da personalidade. A Corte Interamericana de Direitos Humanos há muito reconhece a proteção jurídica conferida ao projeto de vida (v. *Loayza Tamayo versus Peru, Cantoral Benavides versus Peru*), que indubitavelmente faz parte do conteúdo existencial da dignidade da pessoa humana (2011, p. 211). (grifo nosso).

[26] Trecho do voto: "[...] a Suprema Corte dos Estados Unidos da América tem aplicado esse princípio em alguns precedentes - como In Re Slaughter-

paradigmáticas a fundamentar seu voto na ADPF 132/RJ. Os fundamentos apresentados dizem respeito ao direito à liberdade de cada Estado reconhecer o instituto da união estável entre casais homossexuais, bem como ao direito fundamental de realização de um projeto de vida do indivíduo em busca de sua felicidade.

Em verdade, embora o transconstitucionalismo pareça um modo civilizado, no sentido de cortês/polido, da sociedade contemporânea, constituída de relações complexas e de multiníveis, resolver os conflitos normativos a ela inerentes, é possível perceber também que nem todos os Estados-nações e suas respectivas ordens jurídicas aceitam tal ideia de cooperação normativa; muitas, repudiam esse mecanismo de comunicação entre os ordenamentos jurídicos de forma veemente, por considerá-lo um *modus operandi* invasivo quanto à soberania estatal ou, em outras palavras, uma nova versão do imperialismo presentes nas civilizações do mundo antigo, como será exposto a seguir.

Os estados nacionais independentes por Yoran Hazony

Em oposição a ideia do transconstitucionalismo que, como visto, fundamenta-se no princípio de diálogo entre ordens jurídicas diversas, sejam elas nacionais, internacionais, supranacionais, etc., por compreender que tal procedimento se constitui em uma forma de resolução de conflitos em uma sociedade globalizada, cujos Estados-nações a cada dia fortalecem as relações internacionais, uns para com os outros, devido ao intercâmbio constante entre pessoas, bens, tecnologias, serviços, etc., existe uma corrente de pensamento

---

House Cases (83 US 36, 1872), Butchers' Union Co v. Crescent City Co (111 US 746, 1884), Yich Wo v. Hopkins (118 US 356, 1886), Meyer v. Nebraska (262 US 390, 1923), Pierce v. Society of Sisters (268 US 510, 1925), Griswold v. Connecticut (381 US 479, 1965), Loving v. Virgínia (388 US 1, 1967), Zaboch v. Redhail (434 US 374, 1978), v.g., nos quais esse Alto Tribunal, ao apoiar os seus 'rulings' no conceito de busca da felicidade ('pursuit of happiness'), imprimiu-lhe significativa expansão, para, a partir da exegese da cláusula consubstanciadora desse direito inalienável, estendendo-lhe a situações envolvendo a proteção da intimidade e a garantia dos direitos de casar-se com pessoa de outra etnia, de ter a custódia de filhos menores, de aprender línguas estrangeiras, de casar-se novamente, de exercer atividade empresarial e de utilizar anticoncepcionais" (2011, p. 252-253). (grifo nosso).

e doutrina que, por sua vez, defendem a existência de Estados nacionais independentes, onde inexiste a mais remota possibilidade de qualquer interferência de um sistema de direito diverso em território nacional ou influenciando a ordem jurídica vigente. Tal corrente remonta a existência de uma ideologia denominada *Nacionalismo*, cujas bases teóricas surgiram após a Revolução Francesa (1789).

Segundo Hazony a integração global há muito tempo é considerada um pré-requisito para políticas sólidas e uma decência moral e, por sua vez, o Nacionalismo é considerado um retrocesso da humanidade à um estágio mais primitivo da história, marcado pela prevalência do belicismo e do racismo, que pautavam as agendas políticas das nações no passado[27].

A integração global, principalmente nos projetos sustentados tanto pela União Européia (UE) e pelos Estados Unidos da América (EUA), traduz a verdadeira filosofia do liberalismo[28] a partir de um projeto de imperialismo, vez que possuem a intenção de remover o processo decisório das mãos dos governos nacionais independentes, transferindo-o para as mãos de governos ou organismos internacionais, conforme acentua Hazony (2019, p. 14), além de apresentarem um regime universal de direitos humanos difundidos por organizações não-governamentais (ONGs), conselhos ligados à Organização das Nações Unidas (ONU) e cortes internacionais.

Por sua vez o Nacionalismo, nos termos descritos por Hazony (2019, p. 15) fundamenta-se na ideia de que o mundo é melhor governado quando as nações[29] estão em condições de traçar seu caminho de forma independente, cultivando suas próprias tradições e buscando seus próprios interesses sem qualquer interferência, seja ela de ordem política, social, cultural ou jurídica.

---

[27] HAZONY, Yoram. **A virtude do nacionalismo**. São Paulo: Ed. Vide Editorial, 2019, p. 13.

[28] O liberalismo pode ser conceituado como uma teoria política, econômica e social embasadas nos ideais de liberdade individual e mercantil, em que toda a população deve ter direitos humanos iguais para garantir a livre concorrência no mercado.

[29] Para Hazony, as nações, enquanto comunidades reunidas por vínculos de lealdade mútua, possuem memórias históricas comuns, língua e documentos, rituais e fronteiras que constituem a própria identidade de seu povo (2019, p. 47).

Os Estados nacionais, segue o referido autor, possuem como fundamentos basilares dois princípios da construção protestante, quais sejam: *o direito de uma autodeterminação nacional* e o *mínimo moral necessário para a legitimidade de um governo*, tendo por pensadores Johh Fortescue, John Selden e Edmund Burke; o primeiro princípio assegura às nações o direito de se autogovernarem, sob suas próprias constituições nacionais e igrejas, sem a interferência de um poder estrangeiro, coexistindo diferentes formas de pensar, de legislar e de sobreviverem, sem a pretensão de uma homogeneidade; já o segundo princípio relaciona-se com a ideia de que o governante deve proteger seu povo, fazendo justiça, buscando o reconhecimento público da existência de um só Deus e seguir os Dez mandamentos recebidos no Monte Sinai, considerados verdadeiras leis naturais por Lutero e Calvim, devendo os mesmo serem espalhados para todos os homens; garantindo-se a vivência de tal princípio haveria de se alcançar o bem-estar do seu povo.[30]

Os Estados nacionais prezam por uma *autodeterminação coletiva*, compreendida como a liberdade de uma nação, tendo por premissa o sentimento de lealdade entre os indivíduos que os tornam mais unidos e fortes para lutarem pelo desenvolvimento do próprio povo e, consequentemente do Estado, garantindo ainda as liberdades individuais, bem como a prevalência da tolerância quanto as diversas formas de vida na sociedade contemporânea.[31]

Hazony, enquanto defensor dos Estados nacionais, critica a ideia do liberalismo predominante no mundo ocidental afirmando que para essa teoria existe um princípio centralizador, qual seja, a liberdade individual, a partir das ideias de John Locke[32], propostas na obra " *Segundo tratado para o governo civil*" (1689), na qual afirma que todos os indivíduos nascem em perfeita liberdade e equidade e, por meio do seu próprio consentimento torna-se um membro de uma coletividade humana, surgindo a partir desta aceitação e integração,

---

[30] HAZONY, Yoram. A virtude do nacionalismo. São Paulo: Ed. Vide Editorial, 2019, p. 38.

[31] HAZONY, Yoram. A virtude do nacionalismo. São Paulo: Ed. Vide Editorial, 2019, p. 22-23.

[32] A mesma crítica é direcionada a outros contratualistas, tais como, Rousseau e seu "Contrato Social" (1762), Kant e a sua "À Paz Perpétua" (1795), John Rawls e a "Teoria da Justiça" (1972).

obrigações perante aquela coletividade.[33]

Em oposição a tal pensamento, Hazony expõe a ideia da prevalência de uma lealdade mútua[34] que vincularia os seres humanos, as famílias, as tribos e as nações, afirmando que cada indivíduo recebe certa herança religiosa e cultural, como consequência de ter nascido no seio de determinada sociedade ou mesmo ter adotado determinada coletividade para viver, devendo honrá-la e respeitá-la ao longo de sua vida.

Adiante, Hazony enumera as cinco razões consideradas as virtudes de um sistema nacionalista, afirmando mesmo que tal sistema é superior as ideias de um mundo baseado no liberalismo e na globalização[35].

Primeiro, a violência é relegada para a periferia, isto é, havendo a lealdade do indivíduo para com o Estado nacional, o anseio pela liberdade e autodeterminação do clã ou tribo será contido por um intenso desejo de alcançar a integridade interna da nação, criando-se uma esfera de paz, que proporcionará o desenvolvimento da vida familiar e econômica protegida e livre da violência.

Segundo, o desprezo pela conquista imperial, ou seja, os governos de Estados nacionais culturalmente e politicamente reconhecem as fronteiras territoriais como os limites naturais, não apresentando interesse em dominação de novos territórios, compreendendo que cada nação, cada país deve desenvolver sua autodeterminação, desenvolvendo seus sistemas independentes de política, organização social e normas/jurídico.

Terceiro, a prevalência de liberdade coletiva, que se fundamenta na ideia de que cada tribo que integra o Estado nacional renuncia a uma medida de sua própria autodeterminação, e à alternativa de respostas violentas às provocações de outras tribos, expondo-se à interferência do estado.

---

[33] HAZONY, Yoram. A virtude do nacionalismo. São Paulo: Ed. Vide Editorial, 2019, p. 45.

[34] A lealdade mútua ocorre quando dois indivíduos são capazes de considerarem um ao outro como parte de uma entidade única – família, nação, clã – e, a partir deste reconhecimento, poderem se proteger e defenderem como se fossem uma parte do seu próprio "eu" (HAZONY, 2019, p. 77).

[35] HAZONY, Yoram. A virtude do nacionalismo. São Paulo: Ed. Vide Editorial, 2019, p. 118-147.

Quarto, a existência de uma ordem política competitiva caracterizada por apresentar um conjunto diferente de objetivos e organização própria, proporcionando uma grande troca de vivências entre as nações, convidando-as para um debate a partir das experiências bem-sucedidas ou não, promovendo o desenvolvimento de todos os Estados nacionais independentes.

Quinto, o predomínio das liberdades individuais, à exemplo do direito à vida, à locomoção, à liberdade de expressão, ao casamento, à propriedade, ao exercício de sua religião, entre outros. Os defensores dos Estados nacionais afirmam que onde houver a lealdade mútua entre os indivíduos, haverá ali a vivência das liberdades individuais com o sentimento de que tais benefícios foram obtidos por um e por todos.

Para a existência de todas essas virtudes que caracterizam um Estado nacional independente, Hazony afirma que a principal preocupação deve ser com a coesão da nação, instaurada a partir da lealdade mútua que, como visto derivam de pontos considerados em comum entre os indivíduos: a língua, a religião, a história dos povos. E com este pensamento solidificado, os indivíduos estarão dispostos em sacrificar suas próprias vantagens políticas e individuais, em prol de toda a nação e a coletividade, como o fazem para o auto-sacrifício na defesa da nação contra inimigos externos[36].

Por fim, quanto a ideia do diálogo entre ordens jurídicas diversas, apresentando a crítica ao poder concedido a um possível Estado federal internacional, Hazony apresenta uma situação-problema, na qual enxergamos um dilema do transconstitucionalismo, qual seja: a apresentação de uma queixa/ação judicial a um organismo internacional, proposta por um país em detrimento de outro, por questões de impasse quanto a diversas situações: estabelecimento de bases militares em suas fronteiras, supressão de certas minorias nacionais pelo Estado vizinho, incentivo de imigração ilegal por suas fronteiras ou prejuízo em virtude de práticas econômicas de seu vizinho, etc. A partir daí o autor passa a questionar quem teria legitimidade para resolver a questão? Quem determinará se a queixa justifica a interferência internacional? E se houver recusa pelas partes em aceitar as decisões pela federação internacional?, entre outros, finalizando com total repúdio e impossibilidade de diálogo, por

---

[36] HAZONY, Yoram. A virtude do nacionalismo. São Paulo: Ed. Vide Editorial, 2019, p. 147.

entender que o organismo internacional, em verdade, se trata de um agente do imperialismo cujos fundamentos teóricos basilares se contrapõem aos Estados nacionais independentes, como visto ao longo deste artigo.

Considerações finais

O presente artigo se propôs a apresentar, em linhas gerais, duas visões contrapostas sobre a resolução de conflitos entre ordens jurídicas distintas, haja vista ser o direito contemporâneo um mecanismo de regulação social, em uma sociedade globalizada, de informação, caracterizada pelas relações muitas vezes instantâneas entre Estados-nações e suas culturas diversificadas.

A partir da ideia do Transconstitucionalismo, assegurado por Marcelo Neves é possível constatar a possibilidade de uma interação entre as ordens jurídicas diversas, podendo ser compreendida como uma forma de comprovar que, embora existam aspectos diversos, há também pontos em comum entre elas e que podem ser ressaltados, sendo, inegável, portanto, essa relação no universo jurídico. A proposta metodológica do transconstitucionalismo permite a criação das chamadas pontes de transição, estando os Estados-nações propensos a um diálogo, a um aprendizado recíproco, a fim de ver evoluir a própria sociedade, buscando o equilíbrio e a harmonia social.

Tal proposta de conversação entre as ordens jurídicas diversas pode acontecer entre variados níveis: estatal, internacional, transnacional, abarcando ainda temas sensíveis como os direitos fundamentais e limitação de poder constituinte.

Em oposição a este pensamento doutrinário do transconstitucionalismo, Yoran Hazony apresenta a ideia do Nacionalismo e a prevalência de Estados nacionais independentes, asseverando que estes seriam os únicos capazes de promover a autodeterminação nacional e o desenvolvimento das nações, desde que o governante tivesse também o mínimo de moral com fundamento na Bíblia, em especial nos Dez Mandamentos, conseguindo manter a harmonia social.

Hazony afirma que a autodeterminação nacional, fundada nos ideais nacionalistas garante que o Estado-nação possa se autorregular, com base unicamente em seu ordenamento jurídico, suas Constituições próprias, descartando a possibilidade de conflitos entre os indivíduos e o país, haja vista a existência de um sentimento de lealdade mútua entre os sujeitos e destes para com a nação localizada em um território limitado geograficamente.

Em suma, Hazony enxerga esse diálogo entre ordens jurídicas como uma etapa avançada do projeto liberalista-imperialista vigente no Ocidente, desenvolvido principalmente pela Europa e pelos Estados Unidos da América a partir do qual, pretende-se expandir e difundir um modelo de civilização, impondo, por exemplo, uma ordem jurídica baseada em um pensamento hegemônico sobre Direitos Humanos.

Se, a paz e a harmonia social, bem como o desenvolvimento e a autodeterminação nacional só puderem ser alcançadas tendo em vista o sacrifício do indivíduo que abre mão de suas liberdades individuais, ainda que momentaneamente, devendo, se quiser permanecer naquela determinada sociedade, incutir os valores, à língua, a cultura, religião, fundamentando isso em relações históricas dos seus antepassados, por este contexto já entendo a existência de violação de direitos humanos e, deste modo, resta difícil acreditar na duração dessa lealdade mútua tão fomentada.

Compreendo que em um mundo globalizado, onde busca-se o desenvolvimento sustentável e a preservação do mesmo para as gerações presentes e futuras, a fim de preservar os direitos individuais, coletivos, econômicos, culturais, não se pode pensar em uma vivência de forma isolada, como a meu ver propõe o discurso de Hazony. A evolução social ocorre por meio das relações e trocas entre os sujeitos, entre os povos, sendo os diálogos uma ferramenta imprescindível à resolução de conflitos na ordem constitucional vigente.

Referências

BARROSO, Luis Roberto. A importância do conceito de dignidade da pessoa humana na jurisprudência mundial. Belo Horizonte: Ed. Fórum. Disponível em: https://www.editraforum .com.br/noticias/em-livro-ministro-luis-roberto-barroso- mostra-importancia-do-conceito-de-dignidade-humana-na- jurisprudencia-nacional-e-internacional/. Acesso em 24 de jan de 2020.

BRASIL. Supremo Tribunal Federal. *ADPF nº 132/RJ*. União

estável entre pessoas do mesmo sexo. Arguente: governador do estado do Rio de Janeiro. Relator: Ministro Ayres Britto. Brasília, DF, 05 de Maio de 2011. Diário da Justiça, n. 198, out. 2011.

COSTA NETO, João. *A Corte Constitucional sul-africana e os direitos fundamentais*: um paradigma a ser seguido?. OBSERVATÓRIO DA JURISDIÇÃO CONSTITUCIONAL. Brasília: IDP, Ano 7, no. 1, jan./jun. 2014. ISSN 1982-4564.

FREITAS, Rafael; ARAÚJO, Luís Claudio Martins. *Pluralização Ordenativa e Conflitos Constitucionais*: novos paradigmas de estabilização normativa nos sistemas transnacionais. Revista de Estudos Jurídico UNESP, a.22, nº 36, 2018. Disponível em https://ojs.franca.unesp.br/index.php/estudosjuridicosunesp/article/view/2613. Acesso em: 28 de fev de 2020.

GARAPON, Antoine. *Os Juízes na Mundialização:* a nova revolução do direito. Trad. Rogério Alves. Ed. Instituto Piaget. 2006.

HAZONY, Yoram. *A virtude do nacionalismo*. São Paulo: Ed. Vide Editorial, 2019

LIZIERO, Leonam. *Levando Kelsen à sério*. Andradina: Ed. Meraki, 2019.

NEVES, Marcelo. *Transconstitucionalismo*. São Paulo: VMF Martins Fontes Ltda., 2009.

OEA. *Comissão Interamericana de Direitos Humanos*. Disponível em: http://www.oas.org/pt/cidh/mandato/que.asp. Acesso em 20 de fev de 2020.

PEREIRA, Luis C. B. *Estado, estado-nação e formas de intermediação política*. São Paulo: Lua Nova, 2017, p. 155-185. Disponível em: http://www.scielo.br/pdf/ln/n100/1807-0175-ln-100-00155.pdf. Acesso em 20 de fev de 2020.

Entre o esportivo e o digital: transconstitucionalismo como prática social?

RAMON NEGÓCIO

Introdução

Em maio de 2011, defendi o trabalho de mestrado, cujo título era *"Lex sportiva*: entre a autonomia jurídica ao diálogo transconstitucional", sob orientação do professor Marcelo Neves. No ano anterior, ainda provocado pelo livro "Transconstitucionalismo", obra do professor, verifiquei que havia um espaço de agenda de pesquisa envolvendo a relação entre problemas (e soluções) constitucionais e internet. A "provocação" ganhou outros caminhos que não seguiram as bases argumentativas do transconstitucionalismo, se tornando a tese de doutorado defendida em 2019. Todavia, o livro de Marcelo Neves ainda parece digna de nota no desenvolvimento do constitucionalismo em esferas digitais.

A estrutura da rede não apenas se inscreve num código binário comum a uma sociedade mundial, mas também incorpora processos de produção de padrões técnicos. Suas questões não podem, portanto, reduzir-se a um diálogo transterritorial entre ordens jurídicas. Antes revelam uma intensa fragmentação da sociedade e, principalmente, do próprio direito[1]. Os trabalhos relacionados a ordens jurídicas e internet tratam da multiplicidade de soberanias políticas e jurídicas e das decisões juridicamente vinculantes do WIPO (baseadas em regras legais do ICANN), além da produção de padrões técnicos da internet[2]. A internet, porém, é mais ampla, não autorizando sua estrutura ser chamada de *"lex digitalis"* ou de "Constituição digital" (*Digitalverfassung*). O que existe é um reforço

---

[1] Lescano; Teubner, 2006, p. 57-59; Teubner, 2012, p. 96. Em outra vertente, o autor aponta para o crescimento de um entrelaçamento contratual de atores em face de códigos corporativos, possuindo estes mecanismos de sanção e fiscalização.

[2] Vesting, 2004, p. 659; cf. Viellechner, 2013, pp. 111-120.

mútuo na viabilidade da autocoordenação por meio da corregulação de diferentes camadas da rede, até mesmo para que se preserve ou modifique a variabilidade entre as diferentes tecnologias de rede ou ainda para que se imponham limites às atuações estatais[3].

Embora o transconstitucionalismo busque o diálogo entre ordens jurídicas, é cabível propor uma atuação transconstitucional no âmbito das questões da rede como forma de impedir uma ação colonizadora do direito diante das produções de padrões técnicos. Conquanto não possuam o primado político e nem o do código binário jurídico, os padrões técnicos são capazes de fomentar problemas jurídicos-políticos para além das dimensões territoriais. A administração da internet e a concepção de propriedade intelectual, por exemplo, demandam um diálogo entre diversos atores que ultrapassam os Estados territorialmente delimitados[4], abrindo espaço para uma potencial atuação construtiva do transconstitucionalismo. O debate transconstitucional da rede tem veio promissor pelo encorajamento de um diálogo em níveis múltiplos, de modo que se permita não apenas uma abertura cognitiva e normativa para outra(s) ordem(ns)[5], como também para outros atores envolvidos na internet e diretamente entrelaçados em problemas concretos de ordem constitucional sem uma localidade específica.

O presente artigo busca apresentar novos contornos e desafios relacionados ao transconstitucionalismo: em que medida problemas e soluções constitucionais são tratados para a além da lógica interna do sistema jurídico? Estabelecendo um paralelo entre duas dimensões de ordens normativas transnacionais diferentes – a ordem desportiva e os regramentos em plataformas e aplicativos de internet –, o trabalho busca mostrar a necessidade de uma compreensão mais ampla do diálogo transconstitucional.

1 *Lex sportiva* e Autovinculação

A ideia de autorregulação está ligada às vantagens de tempo, custo e retorno concreto de decisões, que acabam com incertezas em

---

[3] Teubner, 2009, p. 132; Teubner, 2002, p. 331-332; Vesting, 2004, p. 664.

[4] Schakelford, 2013, pp. 1288-1290. O que não significaria reconhecer a Internet como *global commons*.

[5] Neves, 2009, pp. 272-273.

função da falta de conhecimento específico do Estado[6]. Os termos legitimadores das normas jurídicas ou normas de conduta se fincam no benefício de grupo[7], ou mais precisamente, nos termos de vinculação que transcendam as partes envolvidas em uma lide. A ordem jurídica desportiva não é exceção.

Entre a campo de jogo e uma decisão antidopagem da Corte Arbitral do Esporte (CAS), há uma cadeia hierárquica regulatória e decisória que unem atletas e instituições em torno de regras, tornando praticamente desnecessária uma localidade para gerar uma concretização das normas estabelecidas. É possível, resumidamente, compreender que a estrutura olímpica[8] do esporte incluem as Federações (ou Confederações) Nacionais de esporte, que legitimam um atleta a participar localmente de uma competição, reconhecendo vitórias, campeonatos e recordes. Um exemplo é a Confederação Brasileira de Futebol (CBF), que ainda reconhece as federações de futebol locais. Caso o esporte seja internacional ou tenha potencialidade de se internacionalizar, as regras de campo demandam um reconhecimento normativo que não se limite a um território. Assim, toda Federação Nacional depende de reconhecimento de uma Federação Internacional, cuja função é organizar as regras do jogo, as competições internacionais e reconhecer títulos recordes nacionais e internacionais.

Em regra, a principal competição internacional dos esportes reconhecidos como olímpicos são as Olimpíadas. Antes, porém, a Federação depende de reconhecimento do Comitê Olímpico Internacional (COI). Além de se relacionar com as Federações, o COI possui sua dimensão nacional por meio de seus Comitês Olímpicos Nacionais (tal como o Brasileiro, o COB).

Para garantir a lisura das competições desportivas internacionais, evitando uma vantagem ilícita, se desenvolveu um Código Antidopagem, cuja administração fica por conta da Agência Mundial Antidoping (WADA), que possui uma participação hibrida: Estados e entes privados esportivos possuem representação na política e na regulação antidopagem.

---

[6] Leyens, 2015, p. 614

[7] Leyens, 2015, p. 615.

[8] Há alguns esportes que não estão incluídos na organização olímpica, tais como esportes sem monopólio da administração esportiva (caratê) ou esportes ditos profissionais (boxe) ou esportes/organizações que não possuem interesse em se vincular às regras e estrutura olímpica (MMA/UFC).

Por fim, como última instância decisória, participa a Corte Arbitral do Esporte, que determina a validade ou invalidade de regulamentos das Federações Internacionais, de contratos internacionais entre atletas e clubes, além de determinar se o comportamento do atleta está em consonância com a regulação da WADA. A constituição de uma instituição de arbitragem totalmente global, cobrindo vários esportes, foi possível com o esforço do COI insistindo na submissão obrigatória das Federações ao seu sistema de submissão à jurisdição do CAS como pré-condição para participação nas Olimpíadas[9].

Toda essa estrutura normativa do esporte depende de aceitação das regras pelos associados (atletas, treinadores, dirigentes etc.), de hierarquia entre instituições e de monopólio esportivo[10]. Por um lado, o atleta aceitou (em tese) as regras do jogo e todo o entorno profissional e de comportamento esportivo exigido para que pudesse participar das competições, embora o monopólio esportivo vincule ainda mais, já que um atleta – em regra – não tenha a escolha de se vincular a outra organização esportiva[11]. Por outro, a estrutura privada das entidades desportivas tenta se afastar da apreciação jurídica por atores estatais[12], ainda que, por vezes, exista um entrelaçamento entre normas jurídicas estatais e normas jurídico-desportivas, tal como ocorre na estipulação de regras antidopagem, que vinculam direito à saúde e à igualdade esportiva. Ou seja, trata-se de autonomia da ordem desportiva, ainda que não seja imune a outras ordens jurídicas[13].

O fato é que a *lex sportiva* é uma ordem jurídica: mediada por um código binário (lícito/ilícito), os programas normativos geram conteúdo jurídico, de modo que exerceria uma função de estabilização de expectativas normativas. Livros de regras e estatutos foram reescritos no nível nacional ou internacional, reivindicando

---

[9] Foster, K. 2019, p. 1.

[10] É a regra, mas há Federações Internacionais que não possuem controle sobre certas instituições desportivas, muito embora possam ter atletas que participam das competições internacionais. É o que ocorre com a Federação Internacional de Basquete (FIBA) e a National Basketball Association (NBA).

[11] Rothel, 2007, p. 757.

[12] Isso não exclui que não seja possível ocorrer, dado que, ainda que as instituições sejam transnacionais, elas se submetem a alguma ordem jurídica nacional e/ou supranacional.

[13] Foster, 2019, p. 2.

autonomia e ganhando forma de documento legal. Assim, tribunais disciplinares ganharam formatação jurídica, uma vez que são presididos por juristas e adotaram de padrões legais, tais como o devido processo legal e do princípio da proporcionalidade na aplicação de penalidades[14]. Além do fato de ser uma ordem jurídica transnacional mais eficaz que a *lex mercatoria*, a *lex sportiva* se diferencia pelo caráter associativo, cujas regras transcendem a relação entre as partes (no caso, atleta e Federação), porque as regras valem para todos e, uma vez não respeitada, a pena maior é não poder mais participar das competições vinculadas a essa estrutura.

2 Algoritmos e Normatividade: do técnico ao social

Na internet, há diversos âmbitos de normatividade, incluso ordens jurídicas que envolvem a disputa do nome de registro do domínio[15] e órgãos criadores de padrões técnicos na internet, tal como Internet Engineering Task Force (IETF)[16]. Embora tratem recorrentemente de problemas jurídicos e constitucionais, o foco será as plataformas e aplicativos de internet. Nesse caso, não se quer afirmar que há uma nova ordem jurídica que trabalha com o código binário do direito, mas sim de estruturas que incorporam valores e normas jurídicas por meios técnicos.

Por meio de uma plataforma e de um aplicativo da internet, reúnem-se usuários que não estão necessariamente vinculados a uma localidade. A forma colaborativa permite a adaptação e evolução do programa, de modo que se cria uma comunidade de usuários, que participam uma espécie de governança colaborativa[17]. A comunidade serve como uma espécie de *"Gedächtnisorganisation"*[18] (organização de memória), em que não se forçam somente mudanças através de sugestões ou reclamações, mas também a consolidação de padrões técnicos e regras sociais de condutas na programação da plataforma.

---

14 Ibidem, p. 1; Negocio, 2014, p. 137.

15 Cf. Martins, 2018:Texto que inclui densa crítica ao modelo de "Constituição da internet" proposto por Gunther Teubner.

16 Ainda que seja um órgão eminentemente técnico, há uma certa observância de incorporação de direitos fundamentais e direitos humanos, observável no Request for Comments (RFC) 6973.

17 Sobre comunidades online, veja Auray, 2012.

18 Em sentido semelhante, Lange, 2013, pp. 110-117.

Os códigos técnicos garantem a variabilidade e a flexibilidade de conexões entre diferentes tecnologias. Por isso, a programação demanda que os códigos da rede não se reduzam a estabilizar expectativas[19], o que não exclui o fato de se exigir uma autorregulação com o intuito de poderem ser controlados por seus usuários. Seria uma autolimitação da programação sem seu código técnico, que não está isolado na rede, pois interage com outras estruturas normativas, tais como diferentes ordens jurídicas. A programação, assim, incorpora diversos conteúdos jurídicos, observando diversas ordens jurídicas, aplicando suas normas internas e administrando as interações de sua comunidade de usuários. Porém, ao contrário de uma leitura interna do sistema jurídico (tal como ocorre na *lex sportiva*), a normatividade jurídica se apresenta como elemento da semântica social[20]: a interpretação, aplicação e execução da norma passa por atores não jurídicos, tais como programadores e usuários, sem que haja uma determinada ordem jurídica diretamente os vinculando.

Não se deve retirar do direito o fato de poder fazer parte da imaginação social, que ajuda a compreender o mundo[21] a partir de um determinado lugar. Enquanto o esporte e suas regras se realizam nas competições, a internet também possui um lugar: mais do que um "Cyberspace"[22], entende-se a plataforma, através do uso e das interações entre usuários, como um "lugar"[23]. Assim como o direito é uma prática social que absorve conteúdos técnicos, as esferas técnicas também fazem uma leitura própria do direito. As conexões entre saber técnico e normatividade jurídica não segue uma lógica hierárquica, mas sim numa rede heterárquica, que permitem novas conexões[24].

---

[19] Vesting, 2004, p. 664.

[20] Para evitar um debate sobre o conceito de "cultura", utilizo o termo "semântica", muito embora eu me aproxime a esse outro uso do "direito como cultura", tal como foi trabalhado por Vesting, Rosen, Geertz e Ladeur. Cf. Rosen, 1983; Vesting, 2015; Ladeur, 2016.

[21] Rosen, 2006, p. 12.

[22] Cohen, 2007, p. 255

[23] Ao reforçar a presença da ideia de "Compulterkultur", Vesting abre a possibilidade de que haja uma interação entre direito e internet. Aqui, defendo que a cultura é ainda mais fragmentada: é a cultura das plataformas em que os membros e administradores comungam de códigos comuns. Cf. Vesting, 2015, p. 84.

[24] Ladeur, 2016, p. 25.

Na lógica de toda a arquitetura da internet, normas jurídicas e práticas não-estatais coordenam cada vez mais atores da rede, sendo o direito e suas normas dissolvidas sob a descrição da elaboração de padrões técnicos[25] e programação de algoritmos, viabilizando não só inovação nas estruturas técnicas como também no próprio direito. Este, por sua vez, atua como condicionante do processo criativo de intermediários e aplicativos em suas práticas, contribuindo na coordenação e cooperação com outras regras sociais[26]. Verifica-se um entrelaçamento entre normatividade e os códigos de programação, a partir do que a programação lê do conteúdo normativo.

Para entender tal entrelaçamento, adotaremos a definição de algoritmos como "um método de tomada de decisão automatizado e tecnologias de informação digital", de modo que se diferencia algoritmos de "avaliação dos dados, geração de conhecimento e, portanto, determinação dos critérios de decisão e os critérios para a própria decisão"[27]. Isso permite diferenciar termos como "programação" de "uso de algoritmos", o que é importante para compreender estes como um sistema de execução de uma programação de código digital, que pode ser determinada por indivíduos, assim como por inteligência artificial, isto é, independente de uma programação humana[28].

Apesar de os algoritmos responderem por códigos técnicos em uma sequência binária para a soluções de problemas[29], o ponto de partido ainda é social: valores e as finalidades orientam seleções e consequências[30]. Tais valores se encontram na programação, que depende de uma seletividade prevista em normas internas e nas interações de usuários de intermediários e de aplicativos, assim como uma observação externa das potenciais consequências jurídicas que ela pode gerar. Diante dessa dimensão social da programação, parece pertinente estabelecer um paralelo com as normas jurídicas.

Segundo Möllers, a *norma* seria a demarcação positiva de uma possibilidade, que afirma essa possibilidade[31]. A *norma* em sua

---

[25] Ibidem, p. 40.

[26] Ibidem, p. 55.

[27] Ernst, 2017, p.1026.

[28] Hoffmann-Riem, 2017, pp. 3-4.

[29] Ibidem, p. 28.

[30] Ibidem, p. 29.

[31] Möllers, 2015, p. 125

dimensão textual (aquilo "ajuda a representar a autorização normal [e a formalização]"[32]) não exclui a dimensão de sua *aplicação*. Ela "pode, à primeira vista, não ser outra coisa senão a sua formulação mais concreta da própria norma, que se relaciona com a norma da mesma forma que a norma se relaciona com o aplicação da própria norma", ou seja, ela "é normativa em si mesma, cria, como será mostrado, outra norma"[33]. Desse modo, a norma e sua aplicação – que também é uma norma – possuem o caráter normativo por apresentarem uma *possibilidade* (demarcada positivamente), ao contrário da execução, "porque a execução da lei já não conhece qualquer possibilidade de desvio, é, no entanto, no final, uma causa que permite apenas um efeito"[34]. Por isso, toda norma deve possuir seu cumprimento e seu desvio, caso contrário perde o elemento essencial da norma.

Mediados por valores técnicos, jurídicos e comportamentais disponíveis – em regra – nos termos de uso e códigos de conduta do aplicativo e da plataforma, a programação tem uma função de *pré-seletividade*. Essa pré-seletividade diminui o campo de possibilidades de *comando* ou *uso* por parte do usuário no momento em que utiliza o serviço disponível. Já os algoritmos têm a função de *execução* do comando do usuário, previamente filtrada pela programação no resultado possível. Por esse meio técnico, a normatividade jurídica aparece na pré-seletividade, no comando e no uso, dado que é previsível a possibilidade de desvio da normatividade de estabelecida na plataforma: a plataforma YouTube, por exemplo, proíbe o carregamento de vídeos que desrespeitem as regras de propriedade intelectual ou que possuam conteúdo pornográfico, mas nada impede que um usuário desenvolva estratégia para publicar um vídeo que desrespeite essas regras, o que se faz perceber a normatividade e, por consenquência, sua possibilidade. O comando e o uso se assemelham à aplicação da norma, pois cada ação do usuário não está apenas filtrada pela programação, mas também carrega a interpretação e uso das normas previstas e construídas por meio dos aplicativos e plataformas. Aliás, nem sempre esses valores serão só explícitos em "community standards", pois a normatividade se constrói em uma relação mútua entre programadores e comunidade

---

[32] Ibidem, p. 286.
[33] Ibidem, p. 182-83.
[34] Ibidem, p. 183.

de usuários por meio da plataforma. Um exemplo interessante é quando os usuários denunciam e contextualizam determinados conteúdos ilícitos ou atualizam que um conteúdo é lícito, tal como os corpos desnudos de índias ou protestos de feministas com os seios de fora (não se enquadrando em fotos pornográficas).

É importante uma última análise sobre a execução de algoritmos. Assim como a execução das normas não possui possibilidade (o que tira dela o caráter da normatividade), a execução dos algoritmos não carrega a possibilidade de desvio: ela apenas executa um comando do usuário de algo pré-selecionado na programação. Se um algoritmo faz uma leitura inadequada, não é um problema de desvio, mas o um problema de programação. Quando um usuário faz uso de um aplicativo, de forma que o algoritmo não perceba, o desvio está na programação e nos termos de uso, não no algoritmo que não o identificou.

Entendendo que a *lex sportiva* (enquanto ordem jurídica transnacional) e estruturas técnicas da internet carregam normatividade jurídica, o que autoriza ilustrar em que medida a tese do transconstitucionalismo merece um foco que vá além do diálogo entre ordens jurídicas.

3 Por um transconstitucionalismo para além do diálogo entre ordens jurídicas

No trabalho Transconstitucionalismo, Marcelo Neves reconhece que os direitos fundamentais (e direitos humanos) e de controle e limitação do poder se tornaram mais relevantes globalmente, vinculando em "relação transversal permanente entre ordens jurídicas em torno de problemas constitucionais comuns"[35]. Nesses termos, o centro de uma ordem jurídica (os juízes e tribunais) servirá como periferia de outro, criando relações de aprendizado mútuo, sem que haja "uma *ultima ratio* jurídica"[36]. Nessa situação, as ordens enxergam o ponto cego uma da outra, de modo que vivenciam o relato privilegiado de outra. A ordem não abre mão de sua identidade, o que permite que não incorra no risco de perder a diferença com seu ambiente. Quando confrontadas com problemas constitucionais comuns a diversas ordens, "impõe-se que seja

---

[35] Neves, 2009, XXI.
[36] Ibidem, 117.

considerada a alteridade"[37], inclusive as que não se abrem ao diálogo[38].

Não é raro que a *lex sportiva* operacionalize princípios constitucionais em suas decisões. Quando ainda era incomum as doutrinas trabalharem com ordens jurídicas transnacionais, recorrentemente tais ordens fundamentavam suas decisões com base em princípios gerais de direito. Parecia que tal fundamentação buscava uma legitimidade perante outras ordens jurídicas. Não parece tão diferente quando essas ordens também passam a operacionalizar normas constitucionais. Casos conhecidos no direito desportivo trataram do princípio da igualdade e da Convenção dos Direitos das Pessoas com Deficiência[39], princípio da legalidade[40], direito à livre circulação[41], tendo em vista que haja um entrelaçamento claro entre ordens jurídicas.

No caso das estruturas de aplicativos e plataformas de internet, há uma operacionalização de normas (ou mesmo valores) constitucionais, mas que não se enquadrariam nos termos da teoria transconstitucional. Isso ocorre por não ser um entrelaçamento entre ordens jurídicas mediadas pelo código binário da licitude e ilicitude, além de não ser clara a estrutura decisória se encaixar como um tribunal. A maior parte das decisões, aliás, são tomadas por um algoritmo programado, que identifica algum elemento de desvio de comportamento. A questão é que, ao invés de ser avaliada por um tribunal, valores constitucionais são tratados por programadores e controlados pelos usuários. Assim, a lógica de controle interno da plataforma ou aplicativo – que, inclusive, responde mais rápido e ajuda a poupar problemas destrutivos a ordens jurídicas – traduz normas jurídicas em práticas técnicas, cujos atores não são especializados e dotados de um papel especial no sistema jurídico. A tese do transconstitucionalismo parece necessitar de uma extensão da ideia inicial, isto é, uma perspectiva que não a negue, mas a amplifique e a coloque também como uma prática social.

---

[37] Ibidem: 272.

[38] Ibidem: 276.

[39] Sentença n° 2008/A/1480, de 16 de maio de 2008 – Pistorius c/ IAAF.

[40] Sentença n° 2006/A/1119, de 10 de dezembro de 2006 – União Ciclista Internacional (UCI) c/ L. e Real Federação Espanhola de Ciclismo (RFEC).

[41] C-415/93 do Tribunal de Justiça das Comunidades Européias (TJCE), do caso Union royale belge des sociétés de football association ASBL e outros c/ Jean-Marc Bosman.

A plataforma Facebook, por exemplo, lida diariamente com o problema constitucional da liberdade de expressão. Seu algoritmo programado consegue identificar fotos e vídeos com certa facilidade, especialmente quando vai de encontro com as normas dos "Padrões da Comunidade"[42]. Tais normas buscam dar certos limites à liberdade de expressão, evitando que haja a propagação de discursos de ódio, desrespeito à propriedade intelectual ou que possuam conteúdos gráficos violentos. No caso de textos, essas normas dependem de contextualização dos usuários: enquanto não houver *flagging* (denúncia) de algum usuário, o texto permanece publicado. Essa (auto)limitação da plataforma não é a única. As plataformas estão em permanente relação de "*glocalization*", pois se adequam às ordens jurídicas dos países, assim como estabelecem seus próprios limites. Facebook tende a fazer uma avaliação sobre liberdade de expressão de modo mais amplo do que a ordem jurídica da Arábia Saudita, assim como é mais restritiva do que a ordem jurídica norte-americana. Ou seja, há uma observação constitucional de ordens estatais, de seus usuários e de seus programadores na hora de avaliar quais são os limites da liberdade de expressão – o que não impede potenciais flertes destrutivos a normas constitucionais por meios técnicos.

4 Transconstitucionalismo como ponte construtiva na rede

Algumas dessas plataformas e aplicativos possuem um poder de adesão tão grande que os torna agentes transformadores de uma ordem. Se se uma empresa buscava regularizar sua atividade por meio de aprovação de leis para atuar em determinado lugar, é possível verificar uma nova forma de pressão no sistema político por meio de adesões usuários. Um aplicativo como Uber, ao se ter vinculado a milhões de usuários (incluso prestadores de serviço), força ordens jurídicas e economias mais fragilizadas a se adequarem ao aplicativo, não o contrário. O risco disso é tornar o trabalho – e seu direito social – mais precarizado.

No transconstitucionalismo, apesar da abertura ou da imposição para a incorporação de soluções constitucionais se dar por meio de ordens jurídicas, não parece se excluir que também outras formas

---

[42] Disponível em https://www.facebook.com/communitystandards/. Outros detalhes do funcionamento da plataforma, cf. Negócio, 2020, pp. 118-124.

sociais sejam também objeto de aprendizado constitucional. Se, por um lado, há instrumentos dos usuários em atualizar algoritmos para melhor adequação, há também certas resistências de certos atores técnicos da internet para cumprir suas próprias regulações e insatisfações de seus usuários. Não por acaso, o Twitter foi bastante conivente com *fake news* e discursos de ódio oriundas de personalidades famosas ou poderosas (como no caso do presidente norte-americano, Donald Trump).

Vendo inviabilizada certas demandas, a pressão passou a ser em cima de anunciantes dessas plataformas, que já anunciam retirada de suas propagandas nesses meios. O resultado foi quase que imediato no Facebook: pressionados pelo grupo de juristas "Stop Hate for Profit", grandes empresas anunciaram suspensão ou retirada de campanhas publicitárias na plataforma. As ações da empresa caíram, o que forçou uma resposta se comprometendo com a mudança na política sobre discurso de ódio[43]. É interessante notar que a ameaça de perda de patrocínios também contribuiu com mudanças internas na FIFA[44]. A questão que me parece pertinente a se levantar sobre a tese do transconstitucionalismo é que outros atores fora do sistema jurídico impõem e exigem uma aplicabilidade de valores constitucionais em outras práticas normativas. E nem mesmo ordens jurídicas transnacionais estão isentas dessa forma de releitura.

A organização em camadas da internet busca retirar uma ideia de hierarquia entre os atores envolvidos na rede. Os Estados, os órgãos reguladores e os intermediários estão conectados a uma mesma arquitetura em que, por meio de normas e padrões técnicos, buscam viabilizar uma relação de horizontalidade entre atores técnicos e jurídicos. Desse modo, é importante uma relação de autocontenção e aprendizado com as ordens: assim como as ordens estatais não devem ser extremamente restritivas a ponto de inviabilizar a capacidade de inovação de intermediários, estes não podem ignorar em seu processo de inovação valores constitucionais. A porosidade entre Estado e atores privados na internet tem ficado cada vez mais nítida, de modo que os filtros privados de controle de conteúdo

---

[43] Cf. https://www.nytimes.com/2020/06/29/business/dealbook/facebook-boycott-ads.html;
https://www.theguardian.com/technology/2020/jun/29/how-hate speec h-campaigners-found-facebooks-weak-spot
[44] Cf. https://www.bbc.com/portuguese/noticias/2015/05/150528_patrocinadores_fifa_escandalo_lab

estão se aperfeiçoando, cabendo ao Estado buscar a prevenção dos abusos[45].

Não é uma aceitação acrítica de hierarquia da normatividade jurídica, mas mais parece uma busca de horizontalidade, que permite uma redução da complexidade[46]. Essa heterarquia normativa se desenvolve também por meio da aplicação do próprio direito[47]: uma capacidade de aprendizado e flexibilidade, que é influenciado por conexões horizontais e de compatibilização de expectativas, mas não na programação de fins[48]. Não é por outro motivo que se precisa admitir a coexistência do direito com outros "códigos" na internet[49]. Contudo, esses códigos técnicos vão observar ao seu modo o normativo do direito. Conteúdos como "pornografia infantil", "desrespeito à privacidade" e "discursos de ódio" são, em vários momentos, incorporados na programação como uma releitura jurídica e constitucional no contexto do próprio espaço virtual.

Conclusão

A operacionalização de normas constitucionais em âmbito transnacional não se dá somente por ordens jurídicas, tal como apresentado aqui pela *lex* sportiva, mas também por plataformas e aplicativos de internet. Elas têm desenvolvido um modelo híbrido de normas jurídicas e práticas técnicas, que são influenciadas e influenciam ordens jurídicas estatais. Assim, normas sociais e seu controle na rede contribuem para a redução de problemas jurídicos e constitucionais. Como se nota, a força semântica do direito cumpre uma função importante e que se realiza em um lugar – ainda que virtual. Em uma pretensão de horizontalidade, é importante construir as pontes de um constitucionalismo não somente para além do Estado, mas também para além das ordens jurídicas. É uma busca por mútua observação em que não haja uma relação destrutiva entre ordens jurídicas estatais e atores técnicos da rede.

---

[45] Rademacher, 2019, p. 706.
[46] Ladeur, 1995, p. 49.
[47] Ladeur, 2016, p. 179.
[48] Ladeur, Karl-Heinz, 1990, p. 142-143.
[49] Lessig, 2006. p. 5.

Bibliografia

AURAY, Nicolas. "Online Communities and governance mechanisms", in Governance, Regulations and Powers on the Internet, Eric Brousseau, Meryem Marzouki ans Cécile Méadel (Hrsg.). Cambridge University Press: Cambridge, 2012, pp. 211-231.

COHEN, Julie E. Cyberspace as/and Space, 107 Colum. L. Rev. 210, 210-256 (2007).

DA SILVA MARTINS, Francisco Sales. Regime transnacional da internet: entre o teórico e a realidade da governança da internet Dissertação apresentada ao Programa de Pós-Graduação em Direito da Universidade de Brasília (PPGD-UnB), 2018.

ERNST, Christian. Algorithmische Entscheidungsfindung und personenbezogene Daten Privatdozent, Juristen Zeitung 72(21), 2017, pp. 1026-1036.

FISCHER-LESCANO, Andreas; TEUBNER, Gunther. Regime-Kollisionen: zur Fragmentierung des globalen Rechts. Frankfurt am Main: Suhrkamp, 2006.

FOSTER, Ken. 2019. Global Sports Law Revisited. Entertainment and Sports Law Journal, 17: 4, pp. 1–14., p. 1

HOFFMANN-RIEM, Wolfgang. "Verhaltenssteuerung durch Algorithmen – Eine Herausforderung für das Recht", in: Archiv des oeffentlichen Rechts, Volume 142, Number 1, January 2017Mohr Siebeck: Tübingen, 2017

LADEUR, Karl-Heinz. „Lernfähigkeit des Rechts und Lernfähigkeit durch Recht, Erwiderung auf J. Nocke, In: Axel Görlitz/ Rüdiger Voigt (Hrsg.), Postinterventionistisches Recht, Pfaffenweiler: Centaurus 1990 (Jahresschrift für Rechtspolitologie, Bd. 4), 141-147.

_______. Postmoderne Rechtstheorie. Selbstreferenz – Selbstorganisation – Prozeduralisierung, Berlin: Duncker & Humblot, 1992.

_______. Recht – Wissen – Kultur: Die fragmentierte Ordnung. Schriften zur Rechtstheorie, Band 282. Duncker & Humboldt: Berlin, 2006.

LANGE, Andreas. "Die Gaming-Community als Pionier der digitalen Bewahrung", in: Was bleibt? Nachhaltigkeit der Kultur in der digitalen Welt, Paul Klimpel, Jürgen Keiper (Hrsg.), Berlin: iRigts.Media, 2013,

LESSIG, Lawrence. Code: Version 2.0, New York: Basic Books, 2006.

LEYENS, Patrick C. Selbstbindungen an untergesetzliche Verhaltensregeln Gesetz, Vertrag, Verband, Publizität und Aufsichtsrecht. In: Archiv fuer die civilistische Praxis 215(5), 2015, 611-654

MÖLLERS, Christoph. Die Möglichkeit der Normen: Über eine Praxis jenseits von Moralität und Kausalität. Berlin: Suhrkamp, 2015.

NEGOCIO, Ramon. Lex Sportiva: Da eficácia jurídica aos problemas transconstitucionais. Direito. UnB, Brasília v.1, n.2, jul./dez 2014, p. 133-159.

______. Vom Fremddruck zur Selbstbeschränkung Das Problem der Verarbeitung juridischer Normativität durch Internet-Intermediäre. Band 17, Internet und Recht. Nomos Verlagsgesellschaft, Baden-Baden, 2020.

NEVES, Marcelo. Transconstitucionalismo. WMF Martins Fontes: São Paulo, 2009.

RADEMACHER, Timo. Wenn neue Technologien altes Recht durchsetzen: Dürfen wir es unmöglich machen, rechtswidrig zu handeln? In: JuristenZeitung 74, 2019, p. 702–710.

ROSEN, Lawrence. Law as Culture: An Invitation. New Jersey: Princeton University Press, 2006.

ROTHEL, Anne. Hamburg* Lex mercatoria, lex sportiva, lex technica — Private Rechtsetzung jenseits des Nationalstaates? In: JuristenZeitung, 10. August 2007, 62. Jahrg., Nr. 15/16, pp. 755-763.

SHACKELFORD, Scott J. Toward Cyberpeace: Managing Cyberattacks Through Polycentric Governance, 62 Am. U.L. Rev. (2013). 1288-1290

TEUBNER, Gunther. Hybrid Laws: Constitutionalizing Private Governance Networks (in: Robert Kagan and Kenneth Winston (eds.) Legality and Community. Berkeley Public Policy Press, Berkeley 2002, 311-331

______. And if I by Beelzebub cast out Devils: an essay on the diabolic of network failure. *German Law Journal*, v.10, n.4, 2009, p. 115-136.

______. Verfassungsfragmente: Gesellschaftlicher Konstitutionalismus in der Globalisierung. Berlin: Suhrkamp Verlag, 2012.

VESTING, Thomas. 'The Autonomy of Law and the Formation of Network Standards', in: German Law Journal, Vol. 05 No. 06, 2004, p. 639-668.

______. Rechtstheorie. Ein Studienbuch. 2. Auflage. C. H. Beck: München, 2015.

______. Rechtstheorie: Ein Studienbuch. München: C.H. Beck, 2015.

VIELLECHNER, Lars. Transnationalisierung des Rechts. Germany: Velbrück Wissenschaft, 2013.

DECISÕES DE TRIBUNAIS

C-415/93 do Tribunal de Justiça das Comunidades Européias (TJCE), do caso Union royale belge des sociétés de football association ASBL e outros c/ Jean-Marc Bosman.

2008/A/1480, de 16 de maio de 2008 – Pistorius c/ IAAF.

2006/A/1119, de 10 de dezembro de 2006 – União Ciclista Internacional (UCI) c/ L. e Real Federação Espanhola de Ciclismo (RFEC).

Sites

https://www.bbc.com/portuguese/noticias/2015/05/150528_patrocinadores_fifa_escandalo_lab

https://www.nytimes.com/2020/06/29/business/dealbook/facebook-boycott-ads.html

https://www.theguardian.com/technology/2020/jun/29/how-hate-speech-campaigners-found-facebooks-weak-spot

https://www.facebook.com/communitystandards/

Parte III

Uma nova tipologia principiológica: sistema jurídico e sociedade mundial

Os Princípios do Direito: entre *Hermes* e *Hades*

WÁLBER ARAUJO CARNEIRO

Introdução

O tema dos princípios jurídicos tem sido de extrema relevância para a teoria jurídica. Princípios vêm cumprindo uma importante função desde que as teorias jusnaturalistas perderam espaço para concepções positivas que, incomodadas com a suposta rigidez e formalidade das regras, buscam fórmulas de contingência para variar o sistema e fazer "justiça". O uso e defesa de princípios no direito têm, portanto, uma relação direta com a variação temporal, com a busca do justo e, portanto, com a adequação e ajustes de um sistema baseado em regras.

Entretanto, a relevância tem sido diretamente proporcional a usos equivocados de diferentes perspectivas de princípio. De fato, diferentes modelos teóricos oferecem diferentes visões de princípio, que tanto reflete como é refletido nas operações do próprio sistema jurídico, dificultando o uso consistente desses elementos. Mas, independentemente da pluralidade de concepções teóricas e da impossibilidade de consensos sobre qual seria o modelo mais adequado ao sistema jurídico, o que há de mais prejudicial nesse debate é a falta de cuidado – imperdoável quando se trata da doutrina – em se manter a integridade do modelo que se utiliza. Princípios são tragados por um uso estratégico e alegórico que tudo justifica tudo e, portanto, nada resolve. Não à toa, tomando esse fenômeno em perspectiva, os princípios não passarão de um "décimo segundo camelo" de Malba Tahan. No direito, são muitos os "Beremiz Samir" que, em gestos "nobres", lançam mão de seu "camelo" para solucionar problemas já resolvidos (LUHMANN, 2004, p.33-34). O princípio chega tarde. Mas, o que é pior, chega a tempo de mascarar relações diabólicas do direito com o seu ambiente; de encobrir efeitos latentes em relações que não estão sendo observadas; de justificar de modo corrompido as modificações nos padrões de julgamento sobre determinado caso; de soltar quem deveria estar preso, e de prender quem deveria estar solto.

Nem sempre o uso indiscriminado dos princípios é consciente. As intenções são, muitas das vezes, as melhores possíveis. Até mesmo muitos dos críticos, que teriam todos os motivos para duvidar da justiça burguesa, viram nos princípios o caminho da "revolução" que transformava o direito em instrumento emancipatório.

Princípios são "valores da sociedade"; "verdades ou juízos fundamentais"; "mandados de otimização"; "normas fundantes e nucleares de um sistema"; "normas síntese"; "normas gerais que têm aplicação genérica", dentre muitas outras descrições. Mas, o problema não é ser os princípios uma de tantas coisas, mas ser, ao mesmo tempo, tudo isso e, portanto, não ser nada. Princípios estão no texto, no sistema, na argumentação, na intepretação. Princípios determinam os textos, fazem o sistema, viabilizam a argumentação e "produzem" a interpretação. O "princípio da felicidade" é pouco quando temos o "princípio da máxima felicidade". Se for muita pretensão, melhor apostar no da "felicidade básica". Se for princípio "da", temos o da fundamentalidade; da contenção, da continência, da legalidade, da consunção, da isonomia, da insignificância, da anterioridade, da eficiência e, claro, da proporcionalidade. Tem até o da "moralidade". Se for princípio "do", não nos faltarão o do contraditório, do efeito integrador do não confisco. Tem princípio que conta em dias, como o da noventena. Tem princípio que prefere não contar, como o da duração razoável. Tem princípio de princípio. Tem princípio que é fim. Tem princípio que é meio. Tem princípio que controla o fim dos meios. E o mais importante, tudo isso teria "princípio" em Dworkin e Alexy, unidos na "estrutura lógica" pelo sincretismo metodológico do "senso comum teórico" brasileiro.

Se no princípio era o verbo, o "princípio" desse artigo é organizar essa babel e, a partir de uma perspectiva sistêmica, explorar as possibilidades normativas dos princípios. Faremos isso com especial atenção ao trabalho do nosso homenageado Marcelo Neves, tendo em vista que, em muitos casos, estaremos, com outro olhar, seguindo os caminhos de sua exploração pós-luhmanniana. Sob o ponto de vista metodológico, a investigação se desenvolve a partir de "pesquisa básica" viabilizada por uma "revisão bibliográfica" de modelos teóricos já existentes. Todavia, um suposto acanhamento metodológico é ressalvado pela consideração de que o "método" proporciona apenas um auxílio estratégico, já que o seu objetivo "é ajudar a pensar por si mesmo para responder ao desafio da complexidade dos problemas" (MORIN, 2008). A qualidade da exploração depende da imersão no horizonte linguístico e da inclusão no sistema científico, o que significa dizer que o "pensar" não será nem dedutivo nem indutivo, mas dialógico-circular, pois projeta as possiblidades que já estão presentes no horizonte dessa linguagem aqui explorada nas margens de nossas possiblidades de análise (CABRERA, 2003) hermenêutica e sistêmica.

Essa exploração seguirá o seguinte itinerário. Primeiro, tomaremos como ponto de partida uma tipologia abrangente dos diferentes tipos de princípio. Na sequência, recorremos à crítica e reconstrução sistêmica dos princípios jurídicos proposta por Marcelo Neves, cujo alerta sinaliza para uma reconstrução sistêmica da noção de princípio a partir da dinâmica evolutiva dos sistemas sociais e, por conseguinte, do sistema jurídico da sociedade moderna mundial. No estudo sobre a evolução do sistema jurídico, observaremos uma série de aquisições evolutivas e mutações nas bases funcionais do direito, concluindo pela ampliação da percepção luhmaniana clássica de que essas operações estariam limitadas à base temporal. Essas modificações estruturais sugerem a existência daquilo que chamaremos de "princípios funcionais", ligados diretamente às diferentes dimensões temporal, objetiva e social da variação de sentidos da comunicação da sociedade. A partir da conclusão pela existência de tais princípios, retomaremos a tipologia de partida a fim de avaliar equivalências funcionais e promover os ajustes necessários à base paradigmática aqui defendida.

1. Os diferentes tipos de princípio jurídico

Teorias sobre o direito e a própria comunicação autorreferenciada desse sistema fazem diferentes usos do termo "princípios jurídicos". Aliadas às dificuldades conceituais e a elas diretamente relacionadas, as diferentes funções que esse tipo de estrutura cumpre na comunicação do direito acabam por produzir uma série de consequências disfuncionalizantes. Alguns autores tentam, todavia, esclarecer as diferenças entre os variados fenômenos comumente tratados como princípios jurídicos. Rafael

Oliveira (2007)[1], de quem tomaremos emprestado o ponto de partida para a nossa análise, identifica, a partir de uma abordagem fenomenológica, três diferentes tipos de "princípio jurídico". Seriam eles os a) "princípios gerais do direito"; os b) "princípios jurídico-epistemológicos" e os c) "princípios pragmáticos-problemáticos".

Os "princípios gerais do direito" estariam diretamente relacionados às reminiscências do jusracionalismo moderno no então nascente positivismo oitocentista, e seriam "figuras capazes de suprimir as eventuais lacunas existentes no sistema positivo do direito codificado para lhe preservar a completude lógico-sistemática *conquistada racionalmente*" (OLIVEIRA, 2007, p. 33). Os "princípios jurídico-epistemológicos", por sua vez, "pretendem ser os elementos organizadores do estudo lógico-sistemático de uma disciplina jurídica especializada, diferenciando-se dos 'princípios gerais do direito' por já estarem 'dados de antemão' no sistema de direito positivo" (OLIVEIRA, 2007, p. 36). Seriam princípios "jurídicos-epistemológicos", por exemplo, o do contraditório, o da ampla defesa, o da economia processual, dentre outros normalmente aplicáveis aos ramos específicos do direito (OLIVEIRA, 2007, p. 36). Haveria, ainda, uma versão neopositivista de "princípios jurídico-epistemológicos" associada ao modelo normativo de Kelsen, a exemplo do princípio da imputação, que difere do princípio de causalidade atinente às leis naturais (OLIVEIRA, 2007, p. 38). Por fim, os "princípios pragmático-problemáticos" são fundamentos materiais da juridicidade e estariam diretamente relacionados aos sistemas abertos (OLIVEIRA, 2007, 39-40). Considerando o momento em que surgem tais teorias e os caminhos por elas percorridos, é "natural" que princípios como o da "dignidade humana", da "proteção ao consumidor" ou da "defesa ao meio ambiente" tenham se tornado o centro do debate constitucional em razão das relações com os direitos fundamentais e relevância para a jurisdição constitucional.

No entanto, como pressupõe a tipologia apresentada por Rafael Oliveira (2007), a justificação de um princípio depende, necessariamente, dos pressupostos epistêmicos considerados pelas diferentes teorias que o propõe, o que leva determinados autores a

---

[1] Em razão das dificuldades impostas pela pandemia, não foi possível acessar e fazer referência à versão desta obra publicada pelo autor em 2008, mas tão somente da versão anterior, disponível no repositório de teses da Unisinos.

chamar, por exemplo, de "princípios gerais do direito" elementos que não se enquadrariam no conceito exposto acima. Nesse sentido, na tentativa de fornecer uma explicação que justificasse ou estimulasse determinadas opções e, ao mesmo tempo, facilitar as aproximações que faremos ao final, a tipologia proposta ganha contornos ainda mais nítidos se a associarmos ao modo como Mario Losano (2010) observa as diferentes noções de sistema jurídico. A hipótese é a de que há uma relação direta entre a noção de princípio presente em cada tipo e a concepção de sistema jurídico defendida ou pressuposta pelos modelos teóricos que a sustenta.

Seguindo essa linha, os chamados "princípios gerais do direito" estariam, em sua versão original, associados a uma visão "externa" de sistema jurídico. Um "sistema externo" é uma construção cognitiva feita a partir da disposição caótica dos objetos do conhecimento. Pressupõe, portanto, "a caoticidade do material dado", uma "referência à ciência que estuda determinado objeto" e o "caráter lógico do nexo que une cada elemento de um sistema" (LOSANO, 2008, p. 215). Por essa razão, é possível observar a relação direta entre a noção originária de "princípios gerais do direito" e o "jusracionalismo", pois eles são responsáveis por constituir, desde fora, a logicidade e a sistematicidade de um conjunto de normas que, em si mesmas, não se constituiria como um "sistema".

Todavia, o desgaste do jusnaturalismo *vetero* europeu fez com que concepções positivistas surgidas na segunda metade do séc. XIX e versões jusnaturalistas neokantianas passassem a defender a ideia de um sistema inerente ao objeto da ciência (interno). Losano atribui a Wetzell e a Stammler, respectivamente, o ponto de partida para essa nova concepção de sistema e, diríamos nós, consequentemente, de princípios. Essa equação pode ser observada, por exemplo, na teoria jurídica proposta por Bierling.

> Se foi um erro das teorias do direito natural assumir um determinado conteúdo jurídico - por mínimo que seja – como sendo definitivo, segue-se que os fundamentos e conceitos que, em nossa opinião, devem formar o objeto da doutrina jurídica dos princípios, só podem ser essencialmente formais. (...) A doutrina dos princípios jurídicos não deve mais representar a vida jurídica plena em si, mas apenas as condições gerais a partir das quais o comum a todos os lugares e todos os tempos partem e, consequentemente, imprimem a todos os seus fenômenos um caráter peculiar mais ou menos

regular. (BIERLING, 1894, p. 5-6 – tradução livre)[2].

Aqueles princípios chamados de jurídico-epistemológicos "surgem", portanto, no momento em que a orientação epistemológica busca revelar uma sistematicidade interna ao próprio objeto, o que abre espaço para princípios localizados em determinados ramos. Nas primeiras versões, um método indutivo era lançado sobre o objeto investigado e, como resultado, obtinha-se os princípios inerentes àquele sistema.

> En el último tercio del pasado siglo diversos escritores, influidos por la ideología positivista y deslumbrados por los progresos de la ciencia natural, sostuvieron que la filosofía del derecho debía ser reemplazada por una disciplina de tipo científico, cuyos métodos coincidieran con de la investigación naturalista. De acuerdo con tal idea, varios autores alemanes, entre los que hay que citar, en primer término, a Bergbohm, Merkel y Bierling, trazaron el programa de una teoría general del derecho, concebida como conjunto de generalizaciones relativas a los fenómenos jurídicos. Toda consideración de índole filosófica y, sobre todo, de carácter metafísico, debe ser repudiada por la ciencia del derecho. Para establecer la definición de lo jurídico, pensaban los citados autores, hay que poner en práctica los procedimientos de que se sirven, por ejemplo, el astrónomo y el físico. Su método, estrictamente experimental, llamase inducción, y es una forma de inferencia que consiste en pasar del análisis de una serie de hechos o casos, al establecimiento de un principio general que expresa sus atributos comunes y puede aplicarse también a los hechos semejantes no investigados. (MAYNEZ, 1974, p. 120)

Conforme visto acima, os modelos indutivos mantiveram em aberto, até o final do século XIX, o problema do fundamento dessa ordem jurídica. Kelsen, por sua vez, segue em busca de uma sólida base epistemológica, aprimorando seu modelo desde o *Hauptprobleme der Staatsrechtslehre* (KELSEN, 1911) até a *Reine Rechtslehre* (KELSEN, 1960), o que explicaria as mudanças essenciais nos princípios

---

[2] *"Wenn es ein Irrtum der Naturrechtstheorien war, einen gewissen - wenn auch noch so minimalen -Rechtsinhalt als ein- für allemal gegeben anzunehmen, so folgt daraus von selbst, dass die Grundsätze und Begriffe, welche nach unserer Ansicht den Gegenstand der juristischen Prinzipienlehre bilden sollen, nur wesentlich formale sein können. (...) Die juristische Prinzipienlehre soll nimmer mehr das volle Rechtsleben selbst darstellen, sondern vielmehr nur die allgemeinen Bedingungen, von denen dasselbe aller Orten und aller Zeiten abhängig ist und welche demgemäss allen seinen Erscheinungen ein eigentümliches mehr oder minder gleichmässiges Gepräge aufdrücken."* (BIERLING, 1894, p. 5-6).

jurídico-epistemológicos [3]. No *Allgemeine Staatslehre*, Kelsen (1995, prólogo) ainda concebe a TGD como o resultado de uma análise comparativa de distintos ordenamentos jurídicos positivos que oferece conceitos fundamentais que permitiriam descrever o direito positivo de comunidades determinadas. Todavia, na *Reine Rechtslehre* (KELSEN, 1960; KELSEN, 1998), sua Teoria Pura do Direito funda uma TGD pautada em bases epistêmicas mais rigorosas, especialmente se considerarmos os ajustes posteriores à primeira edição[4]. A construção do objeto científico não mais obedece a um movimento indutivo ou comparado, mas é pré-determinada por estruturas da consciência transcendental que se lançam para a confirmação frente ao seu objeto.

> (...) no sentido da teoria do conhecimento de Kant, a ciência jurídica como conhecimento do Direito, assim como todo o conhecimento, tem caráter constitutivo e, por conseguinte, "produz" o seu objeto na medida em que o apreende como um todo com sentido. Assim como o caos das sensações só através do conhecimento ordenador da ciência se transforma em cosmos, isto é, em natureza como um sistema unitário, assim também a pluralidade das normas jurídicas gerais e individuais postas pelos órgãos jurídicos, isto é, o material

---

[3] Segundo o próprio Kelsen (1998, p. X), "é evidente que uma teoria cujo primeiro esboço se encontra no meu livro *Hauptproblemen der Staatsrechtslehre*, aparecido em 1911, não poderia ficar sem alteração durante tão largo período de tempo. Muitas alterações são já visíveis na minha *General Theory of Law and State* (Cambridge, Mass., 1945) e na minha *Théorie Pure du Droit* (tradução francesa da Reine Rechtslehre elaborada pelo Prof. Henri Thévenaz, Neuchâtel, 1953). (...) Trata-se [as alterações] quase sempre do desenvolvimento mais conseqüente de princípios; no conjunto - assim o espero -, dos frutos de uma explicitação ou desimplicação que deflui de tendências que são imanentes à própria teoria, a qual permanece inalterada quanto ao seu núcleo essencial".

[4] Dirá Kelsen (1998, p. XX) no prefácio dessa segunda edição de sua Teoria Pura do Direito (*Reine Rechtslehre*): "A segunda edição da minha Teoria Pura do Direito, aparecida pela primeira vez há mais de um quarto de século, representa uma completa reelaboração dos assuntos versados na primeira edição e um substancial alargamento das matérias tratadas. Ao passo que, então, me contentei com formular os resultados particularmente característicos de uma teoria pura do Direito, agora procuro resolver os problemas mais importantes de uma teoria geral do Direito de acordo com os princípios da pureza metodológica do conhecimento científico-jurídico e, ao mesmo tempo, precisar, ainda melhor do que antes havia feito, a posição da ciência jurídica no sistema das ciências."

> dado à ciência do Direito, só através do conhecimento da ciência jurídica se transforma num sistema unitário isento de contradições, ou seja, numa ordem jurídica. Esta "produção", porém, tem um puro caráter teorético ou gnosiológico. Ela é algo completamente diferente da produção de objetos pelo trabalho humano ou da produção do Direito pela autoridade jurídica. (KELSEN, 1998, p. 52)

Ademais, será igualmente diferente da construção "externa" do sistema, pois nesta não seria necessário, como fez Kelsen, colocar o seu *produto* "entre aspas". A mais evidente expressão do caráter teorético e gnosiológico dessa "produção" é a consideração da *Grundnorm* como norma "pensada" e como condição lógico-transcendental (KELSEN, 1998, p. 141) para a justificação do ordenamento jurídico. Com a sua teoria da norma fundamental, dirá Kelsen (1998, p. 143), a Teoria Pura do Direito não está inaugurando "um novo método do conhecimento jurídico" responsável por elaborar transcendentalmente aquilo que os juristas já fazem inconscientemente. Assim, uma vez solucionado o problema do fundamento, a Teoria Pura do Direito se legitima como uma "teoria do Direito positivo - do Direito positivo em geral, não de uma ordem jurídica especial", sendo, para tanto, uma "teoria geral do Direito, [e] não [a] interpretação de particulares normas jurídicas, nacionais ou internacionais" (KELSEN, 1998, p. 143). Nesse sentido, a norma fundamental é, por razões transcendentais, a condição de possibilidade para a unidade, razão pela qual torna-se possível falar em um "princípio da unidade".

Todavia, considerando o caráter teorético ou gnosiológico já referido, trata-se de um princípio da "unidade" que não "legisla" um sistema, muito pelo contrário. Ele só permite observar sistemas positivos que já se revelam, empiricamente, como unitários. Enquanto a dinâmica produtiva de um determinado "conjunto" de normas não passar a se fundamentar em uma mesma norma concreta, ainda não haverá sistema. O sistema, portanto, é, "internamente", auto-suficiente[5]. Quem depende da justificação

---

[5] Losano (2010, p. 46) destaca, em Kelsen, o seguinte trecho para justificar a caracterização de sistema interno: "Um ordenamento é um sistema de normas cuja unidade se funda sobre o fato de que todas as normas têm o mesmo fundamento para as respectivas validades; e o fundamento da validade, num ordenamento normativo [...] , é uma norma fundamental, da qual se deduz a validade de todas as normas do ordenamento. Cada uma das normas é uma

transcendental é o conhecimento puro sobre ele. Como no modelo kantiano, a "ideia" de síntese a priori possui um primado tão somente epistemológico, pois o primado temporal pertence à experiência. No direito, as bases lógicas explicam a norma fundamental, mas não a constitui materialmente, tampouco produz a eficácia necessária para que uma determinada norma positiva se constitua na realidade tempo-espaço como "uma" norma fundamental de "um" determinado sistema jurídico. Portanto, são as profundas diferenças epistêmicas observadas entre os modelos indutivos de autores como Bergbohm, Merkel e Bierling (MAYNEZ, 1974, p. 120) e o modelo neopositivista kelseniano que explicam o respectivo caráter material e formal dos tipos de princípio jurídicos-epistemológicos propostos.

Os princípios "pragmáticos-problemáticos" também estão relacionados a sistemas internos. Todavia, não mais a sistemas fechados, e sim a sistemas materialmente abertos. O modo de abertura é variado, pois alguns modelos sustentam uma abertura axiológica, enquanto outros reduzem a abertura para a comunicação com princípios éticos ou morais de caráter deontológicos. De qualquer sorte, trata-se de princípios materiais que orientam, por diferentes razões, um "sistema" normativo e que se realizam diante do problema concreto. As dificuldades de manutenção de uma perspectiva valorativa se revelam de modo mais evidente com a ascensão do pluralismo de valores observado nas democracias liberais a partir do final dos anos 1960. A abertura axiológica vai sendo substituída por análises funcionais (BOBBIO, 2007) de caráter teleológicos, de modo que os princípios materiais, uma vez sendo uma orientação finalística, poderiam participar do controle dos meios que o direito prescreve para a conduta humana. Para citar os mais influentes no Brasil, o modelo de Dworkin passa a exigir um relação da regra com um princípio (de moralidade política assimilado pelo direito), enquanto o de Alexy propõe uma exigência de proporcionalidade da relação entre os meios (prescritos por regras) e sua finalidade, o que significa sopesar os diferentes princípios jurídicos afetados e otimizados. A teoria jurídica tende a se afastar dos debates sobre os valores universais ou histórico-condicionados,

---

norma jurídica enquanto pertence a um certo ordenamento jurídico; e pertence a um certo ordenamento se sua validade repousa na norma fundamental desse ordenamento."

e passa a se orientar por referências valorativas assimiladas pelo sistema constitucional denominadas de princípios.

Com isso, o debate teórico-acadêmico, especialmente no Brasil, se desloca para o critério de identificação dos princípios presentes no sistema constitucional e para as soluções metodológicas relacionadas à sua "aplicação", com especial atenção para o problema das colisões. No plano da identificação dos princípios, dá-se continuidade a um antigo debate sobre a sua condição de norma. No Brasil, até a Constituição de 1988, não estávamos alinhados com o debate teórico germânico, que viria a ser decisivo para as concepções teóricas que se tornariam dominantes a partir da segunda metade dos anos 1990. O positivismo jurídico tinha como contraponto concepções culturalistas de autores como Miguel Reale (1940), que negava a condição normativa desses princípios materiais em face à função axiológica cumprida por valores historicamente objetivados e teleologicamente articulados com a dimensão normativa em uma estrutura tridimensional. No âmbito da teoria constitucional, tínhamos como dominante até meados dos anos 1990 a teoria das normas constitucionais programáticas de Vezio Crisafulli (1985, p. 56), aqui difundida por José Afonso da Silva (2003)[6]. Nela, embora princípios fossem "norma", não os eram porque "valores" valem no sistema, mas porque atendiam os mesmos requisitos estruturais das "regras" hipotético-condicionais, diferenciando-se em razão da abstração semântica. Isso caracterizava a condição programática de tais normas e, por conseguinte, as limitavam no âmbito eficacial. Quando o debate germânico rompe a hegemonia da matriz luso-italiano que configurava o constitucionalismo brasileiro, ignoramos uma série de questões que haviam sido enfrentados no horizonte histórico desses debates, especialmente entre os anos 1950 e 1980. Assim, no horizonte do problema lógico que caracterizava a condição normativa, tomamos uma acidental similitude entre as teses de Dworkin e Alexy como a lente que passaria a orientar a "aplicação" de princípios constitucionais. Em Dworkin (2007), ignorou-se que a diferença lógica entre princípio e regra dizia respeito às respostas ao positivismo de Hart e, portanto, precisaria ser lida à luz de inúmeras

---

[6] O próprio José Afonso da Silva (2003, p. 13-14) assume essa função, muito embora ressalte que foi José Horácio Meirelles Teixeira que, em sala de aula, trouxe a doutrina de Crisafulli.

outras contribuições posteriores que foram em direção oposta ao pensamento de Alexy (2008). Quanto a Alexy, assimila-se o conceito de "mandado de otimização", os pressupostos da ponderação como "concordância prática" e a descrição da proporcionalidade, mas se ignora o controle argumentativo-procedimental proposto por Alexy (CARNEIRO, 2011). Em suma, o debate no Brasil revela um forte *déficit* teórico-social, na medida em que se ignora uma realidade complexa e plural, pressupondo-se um ambiente consensual e um controle trivial do futuro.

Nesse ambiente teórico já desencontrado, prevalece no "senso comum teórico dos juristas" (WARAT, 1982) a perspectiva de que o direito seja algo referido ao seu texto, em um dado sistema e sob orientação teleológica de princípios constitucionais. Mantém-se vivo o uso dos diferentes tipos de princípio, todos sob o mesmo rótulo semântico, criando uma verdadeira "Torre de Babel". Os velhos princípios gerais do direito se desligaram de sua justificação jusnaturalista a partir de sua assimilação nos códigos e na Lei de Introdução (hoje, ao "direito brasileiro"), passando a compor métodos de interpretação, formas de argumentação ou versões específicas dos "novos" princípios "gerais" localizados em diferentes "ramos" jurídicos. Mistura-se princípios gerais que reproduzem um determinado paradigma epistêmico ou *ethos* com princípios que decorrem de uma consideração indutiva de escolhas do legislador (jurídico-epistemológicos) e com princípios constitucionais que assimilam, deontologicamente, uma determinada orientação prática. Junta-se a esse rol, igualmente sob a denominação de "princípios", cânones de interpretação constitucional e *standards* de racionalidade operativa (ÁVILA, 2013), a exemplo da proporcionalidade e de seus corolários. Essa "babel" estaria orientada, em regra, para a revelação semântica de um sistema ainda observado como uma unidade lógico-ontológica e, portanto, capacitado a legitimar a criatividade ativista dos postulantes e julgadores. A essas práticas epistemologicamente caóticas e sistemicamente disfuncionais, Lenio Streck (2013) deu o nome de "pan-principiologismo" e, Marcelo Neves (2013), pouco depois, de "principialismo".

De qualquer sorte, esse cenário revela alguns padrões que poderemos, mais a diante, resgatar. O "como" dos princípios jurídicos continua diretamente ligado à relação estrutura-função em diferentes concepções de sistema, reproduzindo tanto a relação entre os elementos que compõem o sistema quanto a relação desse sistema com seu exterior. O "porquê" está ligado à tentativa de estabilizar o sistema diante de expectativas presentes no seu ambiente, seja introduzindo na operação do sistema variações, seja validando-as mediante relações internas. Nesse sentido, sob uma perspectiva funcional, princípios são fórmulas de contingência observáveis pelas diferenças variação/seleção e seleção/estabilização. Varia-se para permitir novas seleções e, consequentemente, seleciona-se na tentativa de se re-estabilizar diante do ambiente. Todavia, a complexidade do ambiente e a consequente pluralidade das expectativas respondem à estabilidade com novas formas de variação. Princípios operam, portanto, no fluxo contínuo dessa circularidade. Isso não é um problema, muito pelo contrário. Todavia, o relevante é impedir que, ao observarmos a variação e a re-estabilização não ignoremos, como costumam fazer as teorias que não assimilam essa dinâmica evolutiva, o estágio intermediário de seleção, ligada diretamente à relação que princípios terão com as estruturas da reflexividade interna do sistema e à própria função do sistema. Antes, todavia, de avançarmos na tentativa de reconstruir as noções de princípio, é necessário seguir os avanços já obtidos por nosso homenageado, Marcelo Neves.

2. Princípios na perspectiva de Marcelo Neves

Dialogando com a tradição teórica dominante, Marcelo Neves toma a observação dos princípios jurídicos a partir da diferença interna frente a regras (NEVES, 2013, p. 112). Neves ressalva, todavia, não se tratar de uma diferença nos termos do modelo luhmanniano, mas de algo semelhante aos tipos ideais weberianos (NEVES, 2013, p. 101-103). Alerta-nos que essa distinção "não pode ser definida de maneira ingênua a partir das formulações da norma nas disposições constitucionais" (NEVES, 2013, p. 89), nem no plano lógico das classificações fortes (qualitativas) e fracas (quantitativas) (NEVES, 2013, p. 101). Para Marcelo Neves, somente "quando surgem controvérsias sobre as normas a aplicar, uma vez estando no plano da argumentação, descortina-se a diferença jurídico-sistêmica entre princípios e regras", o que já implica uma "observação de segunda ordem" dirigida aos elementos do sistema jurídico (NEVES, 2013, p. 98-99). Ou seja, a caracterização de uma regra ou de um princípio dependerá "do modo mediante o qual a norma será incorporada do ponto de vista funcional-estrutural no processo argumentativo" (NEVES, 2013, p. 103).

Ademais, quando observados no plano estável das estruturas – e não das variações proporcionadas pelo uso da argumentação –, princípios e regras também revelam diferenças. Quando considerado o "caso" – ou, poderíamos dizer, no plano em que se observa a variedade/redundância da informação (LUHMANN, 2005, p. 438) – as regras se mostram em um primeiro plano de observação, enquanto os princípios surgem no segundo (NEVES, 2013, p. 120-123). No plano estrutural, regra e princípio são estruturas que possibilitam a comunicação recursiva do sistema jurídico e que se diferenciam pelo modo como se relacionam com os fatos sobre os quais o sistema deve empregar o sentido de seu código (lícito/ilícito).

Essas duas formas de observação de segunda ordem, respectivamente relacionadas aos elementos e à estrutura, estão entrelaçadas. Na verdade, se considerarmos que o sistema jurídico "estrutura ao funcionar" (LUHMANN, 2005, p. 271), a diferença equivale a momentos de uma dinâmica evolutiva-circular do sistema e, portanto, à variação (elementos) e à seleção (estrutura). No primeiro momento, a argumentação se desenvolve estruturando elementos que poderão ser ou não selecionados. Mas, mesmo no plano da seleção (ou das estruturas), os princípios terão com as informações uma relação de segundo plano. Com isso, princípios mantêm uma primazia quanto à heterorreferência do sistema, ao tempo em que as regras permanecem com a primazia na orientação de autorreferência.

> No que se refere aos princípios e regras constitucionais no âmbito do sistema jurídico do Estado democrático de direito, a complexidade desestruturada do ambiente, que implica uma pluralidade de valores, interesses e expectativas normativas contraditórias, passaria por um crivo seletivo dos princípios, tornando-se complexidade estruturável. Porém, só com a determinação da regra a aplicar ao caso a complexidade passa a ser estruturada, tornando-se possível a subsunção mediante uma norma de decisão. (NEVES, 2013, p. 119)

A passagem da heterorreflexão para a autorreferência gera uma relação reflexiva entre princípios e regras, na medida em que se produz processos de espelhamento e recursividade comunicacional envolvendo duas estruturas pertencentes ao mesmo sistema

(NEVES, 2013, p. 129). Em sendo assim, Marcelo Neves (2013, p. 140) sustenta, a partir de uma observação do plano estrutural do sistema, uma relação circular e reflexiva entre regras e princípios.

> (...) os princípios constitucionais como normas no plano da observação de segunda ordem de casos a decidir e normas de decisão são estruturas reflexivas em relação às regras; a relação entre princípios e regras implica uma relação circular reflexiva na dimensão da estática jurídica; a concretização constitucional exige uma regra completa ("norma geral") como critério imediato para a solução do caso mediante a norma de decisão; já uma impossibilidade prática de aplicação imediata de princípios sem intermediação de regras, sejam estas (atribuídas diretamente a dispositivos) legais ou constitucionais ou construídas (atribuídas indiretamente ao texto constitucional) jurisprudencialmente; a argumentação focada excessivamente em princípios constitucionais é sobremaneira falível, deixando amplo espaço para que superem as próprias regras constitucionais desenvolvidas a partir dela. (NEVES, 2013, p. 140-141)

Vê-se, portanto, que, embora Marcelo Neves retome a observação da diferença regra/princípio a partir de uma perspectiva clássica (que equivale à observação no plano da argumentação), conclui que essa diferença só se "esgota" quando observada nas relações reflexivas de estruturas. Somente uma observação de segunda ordem sobre o modo como as estruturas do sistema jurídico refletem a si mesmas (reflexividade) permite observar que há, internamente, uma diferença funcional, cabendo aos princípios a estruturação das expectativas e às regras as tecnologias que funcionarão no fechamento operativo do sistema. Se a abertura cognitiva está muito relacionada à capacidade de princípios estruturarem variações no sistema, o fechamento operativo depende, necessariamente, das regras. Essa diferença é relevante, pois permite observar as (im)possibilidades seletivas dos princípios e as dificuldades reflexivas das regras, qualidades que não são nítidas em um plano argumentativo.

Desse modo, a abordagem de Marcelo Neves nos leva, justamente, ao modo como o sistema evolui e, neste âmbito, desperta questões sobre eventuais aquisições evolutivas e, a partir delas, repercussões no plano funcional. Em outras palavras, a estrutura dos princípios e sua semântica aberta teriam, na dinâmica evolutiva do direito da sociedade mundial, produzido modificações no âmbito funcional? Seria possível falar em princípios funcionais e, mais ainda, em funções normativas desses princípios? Parece-nos, ademais, que outros trabalhos de Marcelo Neves são bastante relevantes para essa exploração.

3. Dinâmica evolutiva do sistema jurídico da sociedade mundial

Um sistema social funcionalmente diferenciado pode ter sua evolução observada a partir dos fenômenos da variação, seleção e re-estabilização. De fato, em sistemas que se valem do *medium* do sentido para se reproduzir, a diferença entre esses fenômenos não se mostra tão clara quanto em sistemas biológicos. Nos seres vivos, a variação decorre de alterações em células geneticamente programadas, a seleção se dá pela sobrevivência desses indivíduos e a estabilização é, por sua vez, percebida nas populações ecologicamente equilibradas (MANSILLA; NAFARRATE, 2008, p. 326-327). Nos sistemas sociais, os três fenômenos dizem respeito à comunicação marcada pelo código conforme/não-conforme ao direito. De qualquer modo, é possível observar que, em sistemas sociais, a variação diz respeito a elementos do sistema; a seleção é concernente às estruturas do sistema e a re-estabilização, é ligada, por sua vez, à unidade do sistema em relação ao seu ambiente (LUHMANN, 2002, p. 304). Por essa razão, já seria possível observar no referido plano da argumentação a variação do sistema mediante o uso dos princípios, pois esse primeiro estágio de "ensaios evolutivos" não depende de uma observação das diferenças no nível estrutural. Basta que a argumentação assuma uma forma negativa, não sendo necessário que essa variação esteja comunicada em decisões de seu âmbito organizacional (LUHMANN, 2005, 110). Assim, por exemplo, bastaria a pretensão de que a norma aplicável ao "caso P" em análise *não* seja a "regra X", mas, em razão do "princípio N", deveria ser a "regra Y". Ou, simplesmente, que a "regra Y" *não* seja aplicada ao "caso P" por força do "princípio Z". Mas, para que o sistema evolucione, seja qual for a direção, essa variação precisa ser selecionada, o que pressupõe alguma estabilidade temporal. Ou seja, dependerá de estruturas voltadas para essa estabilização e, consequentemente, de uma observação de segunda ordem que seja capaz de diferenciar tais estruturas. Em outras palavras, será necessário observar, por exemplo, a diferença entre normas constitucionais e legais; ou entre normas legislativas e precedentes jurisprudenciais; ou, ainda, por exemplo, entre jurisprudência e súmulas vinculantes. Nem mesmo a decisão judicial seria capaz de, isoladamente, produzir uma seleção, tendo em vista a sua instabilidade temporal. A decisão, na maior parte das vezes, sequer encerra o processo, pois estará sempre condicionada ao trânsito em julgado. Somente quando a observação de segunda ordem observa a relativa estabilidade temporal da realização de elementos do sistema em estruturas estáveis é que seria possível falar em seleção.

De qualquer forma, a relativa duração de determinadas variações selecionadas no âmbito dessas estruturas não garante a re-estabilização do sistema. A igualmente relativa e momentânea estabilidade se dá a partir da unidade do sistema em face de seu ambiente. A unidade, neste contexto, não está referida a imperativos lógicos ou ontológicos, mas ao uso recursivo do código conforme/não-conforme ao direito e, portanto, à diferenciação em face de seu ambiente social. Todavia, a seleção de uma variação não garante estabilidade. Mesmo que esse movimento seja visto como uma irritação interna provocada por alguma variável ambiental, o novo "estado" evolutivo produzirá outras consequências ambientais que estimulará novas variações, eventuais seleções e, portanto, outras tentativas re-estabilizantes. *"La evolución opera circularmente ante los impulsos externos: en parte, responde con variación; en parte, reacciona con estabilidad para volver a impulsar las innovaciones"* (LUHMANN, 2002, p. 339).

Princípios e regras são, portanto, determinantes para a variação, seleção e re-estabilização. A variação depende da semântica aberta dos princípios, que cumprem a função de meios de comunicação simbolicamente generalizados. A seleção depende da forma condicional das regras, e a re-estabilização de sua unidade reflexiva. Esse "jogo" de estruturas reflexivas permite ao direito cumprir uma função sustentável em relação ao seu ambiente. A estabilidade relativa de suas estruturas consolida programas condicionais (regras) que orientam expectativas congruentes. Por outro lado, essas expectativas só se mostram sustentáveis porque a experimentação de semânticas abertas em programas condicionais e o uso adaptado de princípios em funções constitucionais permitiram a estruturação de expectativas de variação do sistema. Com isso, a consistência do sistema pôde ser temperada com "fórmulas de contingências", permitindo, sobre bases de variação temporal do sentido, um direito "justo". Todavia, a questão que ora se coloca é: a aquisição evolutiva dos princípios e as possibilidades funcionais que essas estruturas passaram a representar provocaram alterações funcionais no sistema jurídico? Algo é somado à segurança entregue pelo sistema ao ambiente através de operações internas consistentes? Eventuais alterações representariam uma nova forma de estrutura principiológica com funções normativas que, ao contrário dos princípios inclinados à heterorreferência, orientariam o fechamento operacional do sistema?

4. A evolução do direito da modernidade e os reflexos em sua função

O direito da sociedade moderna se autonomiza a partir do momento em que o poder político centralizado se distribui em agentes delegados descentralizados (LUHMANN, 2005, p.475-476), proporcionando a profissionalização de autoridades que dependiam da referência jurídico-normativa para se legitimar[7]. Esse sistema, possibilitado por estruturas normativas, impulsionado pela formação de uma burocracia profissional e refletido em uma nova ciência jurídica, mostra-se apto para, em um ambiente de elevada complexidade, cumprir a função de generalização congruente de expectativas normativas (LUHMANN, 2005, p, 182).

O direito da sociedade moderna diferenciada inclina suas estruturas para o exercício de uma função que, outrora, foi cumprida por diferentes equivalentes funcionais. A rigor, o direito moderno reduz, a um problema temporal, (LUHMANN, 2005, p. 182) a "coordenação das seleções, imprevisíveis e contingentes, de um *ego* e de um *alter* que se observam reciprocamente" (CORSI; ESPOSITO; BARALDI, 1996, p. 68). Essa dupla contingência, todavia, não é

---

[7] *"In the late eleventh, the twelfth, and the early thirteenth centuries a fundamental change took place inwestern Europe in the very nature of law both as a political institution and as an intellectual concept.Law became disembedded. Politically, there emerged for the first time strong central authorities, bothecclesiastical and secular, whose control reached down, through delegated officials, from the center tothe localities. Partly in connection with that, there emerged a class of professional jurists, includingprofessional judges and practicing lawyers. Intellectually, western Europe experienced at the same timethe creation of its first law schools, the writing of its first legal treatises, the conscious ordering of thehuge mass of inherited legal materials, and the development of the concept of law as an autonomous,integrated, developing body of legal principles and procedures."* (BERMAN, 1983, p. 85)

gerada, apenas, pelas variações de sentido em uma dimensão temporal (do antes/depois). O sentido também varia em uma dimensão social (do consenso/dissenso) e em uma dimensão objetiva (do dentro/fora, aqui/acolá). O próprio Luhmann (2005, p. 188) chega a afirmar que, a função do direito, desde uma perspectiva concreta, *"trata de la función de estabilización de las expectativas normativas a través de la regulación de la generalización temporal, objectiva y social"*. Todavia, ao se auto-observar como instituição estatal, "acreditou" que as variações sociais e objetivas estariam resolvidas em limites territoriais e semânticos evidentes[8]. Assim, a questão social restaria implodida na legitimidade da política – que foi, paulatinamente, ampliando a inclusão dos indivíduos –, ao tempo em que a questão objetiva estaria resolvida na pluralidade de subsistemas jurídicos de Estados nacionais. Restaria ao direito a modulação temporal desses limites, alterando o conteúdo do consenso simbólico (social) vigente em um determinado Estado nacional (objetivo). Nesse sentido, não obstante às tensões em três diferentes âmbitos, Luhmann parte da ideia de que o direito se encarrega de uma função que opera, unicamente, na dimensão temporal. *"Al resaltar la dimensión temporal como base de la función del derecho, nos encontramos en oposición a la doctrina antigua de la sociología jurídica que acentuó la función social del derecho recurriendo a conceptos como los de 'control social' o 'integración'"* (LUHMANN, 2005, p. 182).

A base temporal permite uma relação direta entre o *"entramado de expectativas simbolicamente generalizadas"* (LUHMANN, 2005, p. 186) e a segurança prestada ao seu entorno. O sistema jurídico pressupõe que, em um determinado lugar (dimensão objetiva), é consenso (dimensão social) que, dentre diversas possibilidades (complexidade), *ego* e *alter* (dupla contingência) devem considerar uma determinada seleção (generalização das expectativas) dentre outras hipotecamente possíveis (eliminação da contingência por um *alter-ego*). Mas, em um ambiente sistêmico e complexo, a positivação do direito por uma política localizada não será capaz de eliminar as pressões pela variação social e objetiva do sentido. Isso demandará

---

[8] Diferentes formas de observação teórica denunciam os impactos no direito em razão da dissolução dos elementos que caracterizam as "fronteiras" do Estado moderno (OLIVEIRA; BOZAN DE MORAIS, 2012, SALDANHA, 2017, CAMPUZANO, 2009, TONET, 2019, CANOTILHO, 2012).

aquilo que Teubner (1989, p. 68) chama de "produção (circular e recursiva) de novos elementos a partir de seus próprios elementos". O sistema continuará sendo irritado em razão das variáveis sociais e objetivas de sentido e a seleção temporal dessa variação, que se dará em hiperciclos reflexivos, não será capaz de produzir estados relativamente estáveis, na medida em que qualquer versão de re-estabilização encontrará simultâneas possibilidades de reabertura das variações e aceleração do círculo variação > seleção > re-estabilização > variação. Em outras palavras, a semântica aberta das próprias regras produz, ao mesmo tempo, diferentes expectativas e diferentes seleções. Tanto a dogmática jurídica quanto a jurisprudência, estruturas que selecionam variações semânticas da programação política, nem sempre "funcionam" explicitamente na dimensão temporal. É comum que a mudança de uma jurisprudência seja observada como um erro sobre a semântica consensual (dimensão social), por vezes relacionada à aplicação de uma regra a um determinado grupo de indivíduos (dimensão objetiva). É o que acontece quando se "descobre", 30 anos depois, que um determinado programa condicional não fora recepcionado pela Constituição[9].

Nesse contexto, o uso de estruturas principiológicas – que, outrora, possuíam uma relação com as bases jusracionalistas do direito moderno (princípios gerais do direito) ou com produtos indutivos de uma trama normativa (princípios jurídico-epistemológicos) – permite que a semântica aberta dos textos constitucionais, das regras carregadas de conceitos indeterminados e de cláusulas gerais sejam experimentados como princípios (princípios pragmáticos). As dificuldades metodológicas geradas por

---

[9] Em 2009, mais de 20 anos depois de promulgada a Constituição de 1988, o Supremo Tribunal Federal (STF) declarou, por maioria, "que a Lei de Imprensa (Lei nº 5250/67) é incompatível com a atual ordem constitucional (Constituição Federal de 1988). Os ministros Eros Grau, Menezes Direito, Cármen Lúcia, Ricardo Lewandowski, Cezar Peluso e Celso de Mello, além do relator, ministro Carlos Ayres Britto, votaram pela total procedência da Arguição de Descumprimento de Preceito Fundamental (ADPF) 130. Os ministros Joaquim Barbosa, Ellen Gracie e Gilmar Mendes se pronunciaram pela parcial procedência da ação e o ministro Marco Aurélio, pela improcedência".
http://www.stf.jus.br/portal/cms/vernoticiadetalhe.asp?idconteudo=107402

essas aquisições evolutivas demandam o empréstimo de programas metodológicos voltados para o controle da relação conflituosa dos princípios entre si e em suas relações recursivas – nem sempre assim observada – com as regras, produzindo os chamados "postulados" (ÁVILA, 2013, p. 158). Essas alterações estruturais, normalmente auto-observadas como diferentes espécies normativas em razão de sua fonte, ou, em segunda ordem, devido às diferenças quanto ao grau de abstração semântico; ou, ainda, quanto ao padrão analítico de suas estruturas, produziram alterações perceptíveis no âmbito funcional. E, ao contrário do que sustenta o próprio Luhmann, tais diferenças não estariam restritas a teorias normativas que reduzem o problema à teleologia do sistema jurídico. Essas alterações estão associadas às demais dimensões de variação de sentido e podem ser observadas em uma perspectiva evolutiva.

Com isso, não sustentamos que o direito tenha assumido novas funções, o que seria, de fato, problemático para a sua unidade. Embora uma duplicidade de funções esteja no horizonte de muitas das observações científicas sobre o direito, reconhecemos que a observação sociológica nas condições pós-metafísicas nos revela um direito que, ao se fechar operacionalmente, mantém a generalização de expectativas congruentes como sua única função. Mas, sugere que mecanismos complexos de reflexividade (interna) produzem estruturas que passam a fornecer ao ambiente diferentes prestações, de modo que a expectativa temporalmente consolidada no fechamento passa a considerar tanto limites semânticos fundamentais diretamente relacionados à dimensão social (consenso/dissenso) quanto possibilidades transnacionais que quebram a redução do direito a um pluralismo de ordens nacionais (dentro/fora). Cremos, também, que o trabalho de nosso homenageado esteja diretamente ligado a tais transformações, na medida em que sempre esteve preocupado tanto com o modo que o direito processa *déficits* da cidadania política (NEVES, 2018, 2012, 2011) quanto com a conversação transnacional (NEVES, 2009), fundindo essas frentes nas suas últimas reflexões sobre transdemocracia (NEVES, 2017).

Mas, quais são e como as aquisições evolutivas ocorreram?

5. Os três princípios do Direito

5.1 A consistência do sistema jurídico e a segurança do ambiente

Se considerarmos o direito codificado do séc. XIX como um modelo de sistema que controla a sustentabilidade de seus impactos ambientais apenas na dimensão temporal, uma observação ecológica de sua relação com o ambiente estaria marcada pela diferença *consistência/segurança*. Ou seja, a segurança para o ambiente é reproduzida, internamente, como consistência. Uma versão muito pobre de consistência, a bem da verdade, pois sobre ela era lançada uma observação de segunda ordem que tomava emprestada uma concepção de sistema logicamente estruturada. As tensões provocadas na dimensão social e objetiva eram estabilizadas na *atualidade* de um sistema logicamente consistente que garantiria ao juiz aplicar, em um presente-futuro, o direito que o legislador fez em um presente-passado. Um direito consistente que não se arrisca e não produz perigos.

As revoluções liberais-burguesas demandavam o respeito ao primado da liberdade/igualdade formal dos indivíduos. O sistema observava o seu ambiente como um grupo de indivíduos livres, enquanto os indivíduos e sistemas presentes no ambiente esperavam do direito uma distribuição formal e isonômica da usurpação dessa liberdade. Nesses limites, as bases temporais de uma função realizada como operação consistente era sustentável, já que as variações provocadas pela internalização da liberdade não eram estruturadas sob diferenças internas relativas a grupos de indivíduos ligados a um mesmo Estado nacional. Ou seja, igualdade formal não estrutura variações de sentido no âmbito objetivo. Sem estruturas, não haveria problemas.

Nesse contexto, o problema gerado pelas estruturas normativas se limitava à prestação da segurança. Nesse sentido, teorias da primeira metade do século XIX estavam, como vimos, inclinadas para a produção de sistemas externos (LOSANO,2008) e, de modo semelhante, que a atividade legislativa entre o séc. XIX e início do séc. XX buscaria a codificação sistematizada do direito. Teorias tentavam organizar o direito de modo claro e coerente em sistemas externos a partir de uma legislação histórica (a exemplo da Jurisprudência de Conceitos na Alemanha), enquanto os Códigos buscariam se mostrar claros e coerentes, embora logo tenha ficado claro que suas pretensões de coerência e completude dependeriam do auxílio da ciência para suprir suas eventuais insuficiências, omissões e obscuridades (a exemplo da Escola de Exegese na França). No *Common Law*, os intentos de codificação não foram adiante, não obstante propostas como a de Bentham, sobre a produção de um *"Pannomium"* (BENTHAM, 1995). Todavia, esse mesmo *Common Law* antecipa a fórmula viável para a prestação da segurança, que corresponderá à consistência interna do direito, modelo ao qual o *Civil Law* acabaria aderindo a partir do momento em que "percebeu" que a reflexividade científica utilizada *ad hoc* nas decisões individuais não seria suficiente. Se a prestação da segurança já não poderia ser garantida por auto-referências imediatas a um direito positivo claro (ou cientificamente clarificado), em ambas as tradições do direito ocidental, esse controle é, internamente, delegado a Tribunais que unificam a jurisprudência a fim de que casos iguais sejam julgados de maneira igual (Cf. LUHMANN, 2005, 168). Nesse sentido, a consistência representa a "justiça do direito", ou, pelo menos, a sua primeira expressão autônoma[10].

A igualdade interna no direito, enquanto consistência do sistema, produz consequências práticas, uma vez que essa forma pode ser convertida no esquema regra/exceção (LUHMANN, 2005, p. 168). No processo linear de construção das decisões, o "princípio da consistência" cumpre uma função de "fechamento". Aqui, embora estejamos assumindo uma visão mais estreita de princípio do que aquela que Lenio Streck associa a "existenciais", seria possível dizer que este tipo de princípio "fecha a interpretação" (STRECK, 2012). O próprio Luhmann reconhece, por exemplo, que *"permitir el aborto limita los argumentos que pueden esgrimirse en la discusión acerca de los experimentos con material genético humano; en tal caso, la limitación no es necesariamente política, aunque sí jurídica."* (LUHMANN, 2005, p. 565).

Todavia, uma decisão inconsistente – até mesmo com seu trânsito em julgado – não seria capaz de desqualificar nem a expectativa normativa da consistência (pois, enquanto normativa, resiste contrafaticamente às desilusões) nem a consistência da

---

[10] *"El principio de consistencia em la toma de decisión que separado de otros juicios de valor que circulan en la sociedad; por ejemplo, de la cuestión de si los afectados son ricos o pobres, si llevan una cônducta moral intachable, si requieren urgentemente ayuda. Tales puntos de vista cuentan tan sólo cuando quedan registrados en la estructura programática del derecho positivo, i.e., cuando hay que considerarlos como "causales del delito".* (LUHMANN, 2005, p. 289-290)

unidade operativa do sistema. É por essa razão que teorias da argumentação, que dão conta de uma dinâmica dialógica entre sujeitos presentes na construção de uma decisão, não serão capazes de observar o problema da consistência para além da decisão do caso posto. Também não são capazes de avaliar até que ponto decisões inconsistentes estariam, ao mesmo tempo, fora da consistência de um *distinguishing* e livres de um *overruling* cínico. Somente uma observação de segunda ordem de tipo ecológico seria capaz de observar o "estado da arte" a partir da diferença segurança(externa)/consistência(interna).

5.2 A igualdade complexa do sistema jurídico e a autonomia do ambiente

No centro da perspectiva liberal que irrita um direito que evolui para o "princípio da consistência" estava, na verdade, a liberdade de agentes econômicos e, por conseguinte, a não-igualdade econômica de indivíduos não proprietários. Igualmente escamoteada no plano objetivo, estavam a desigualdade de gênero, de raça e de nacionalidade. Assim, com as modificações da semântica da cidadania (MARSHALL, 1967), a igualdade política passa a implicar liberdades civis, igual participação nos direitos políticos e, no âmbito de um Estado social democrático, alcança as prestações materiais vinculadas aos direitos sociais e as políticas afirmativas voltadas para a redução de assimetrias estruturais (NEVES, 2006, 179-180). As condições materiais do exercício da liberdade forçam uma modificação na semântica da igualdade, de modo que ela passa a consistir, tal qual a antiga descrição de Aristóteles (2007), em tratamentos desiguais na proporção em que os iguais se desigualam mediante diferentes fórmula de justiça". A igualdade passa a implicar tratamento jurídico desigual (LUHMANN, 2005, p. 167). Essa "nova" semântica será selecionada nas estruturas internas do direito, especialmente nas constituições sociais que surgirão a partir da segunda década do séc. XX. Com isso, torna-se possível estruturar variações objetivas de sentido relativas ao tratamento jurídico de diferentes grupos de indivíduos. Essas variações passam a disputar a mesma temporalidade, e as operações nesse âmbito não darão conta da contingência quanto à realização da cidadania e incerteza do futuro. Desde então, cremos que não será mais possível reduzir a seleção de expectativas a operações sobre bases temporais.

Embora a perspectiva luhmanniana mantenha a função e o símbolo de validade do direito sob bases temporais (LUHMANN, 2005, p. 166), as transformações do "princípio da igualdade" não foram ignoradas. Ao tratar da validade do direito como um símbolo decorrente de uma integração recursiva de sua rede operativa (LUHMANN, 2005, p. 166), Luhmann (2005, p. 167) admite que a unidade integrativa do direito pode ser também expressada sob a forma do "princípio da igualdade". A igualdade, na medida em que serve para descobrir as desigualdades, assume um significado prático para o direito e permite a sua conversão de princípio (que estrutura pretensões de tratamento desigual) em regra. É bem verdade que Luhmann (2005, p. 169), embora reconhecesse que o tratamento igualitário para a condição humana ser um princípio político, reduzia o tratamento jurídico-igualitário entre os iguais que se desigualam à formula de consistência segundo a qual casos iguais devem receber um tratamento igualitário (LUHMANN, 2005, p. 168-169). Todavia, como vimos, novas bases objetivas de variação de sentido produziram variações no sistema que, uma vez selecionadas a partir das possibilidades estruturais do próprio "princípio da igualdade", se consolidam como uma aquisição evolutiva. Em outras palavras, é condição para generalização de expectativas, um tratamento não apenas consistente, que implica tratar casos iguais de modo igual, mas que também respeite a igualdade entre os desigualados. Aqui ocorreu uma *re-entry* do lado externo da forma igualdade/desigualdade no lado interno da forma. Reduzir essa igualdade de tratamento a destinatários do direito à condição do caso ignora diferentes variáveis igualmente objetivas do sentido. O que, em alguma medida, permanece aberto para a política diz respeito aos critérios utilizados para o tratamento desigual.

A dificuldade em observar essas modificações estruturais podem estar associadas a uma observação da igualdade frente a prestações materiais do Estado social, fato que atrai críticas relacionadas tanto à centralidade pretendida pela organização estatal (LUHMANN; 1994) quanto à colonização do mundo da vida (HABERMAS, 2001). Entretanto, no atual estágio evolutivo do sistema jurídico da sociedade mundial, a igualdade não se impõe como regra a partir de uma relação de causalidade com as necessidades dos indivíduos frente às prestações do Estado social. Independentemente do conjunto de prestações devidas por um determinado Estado, a igualdade representa a unidade operativa do sistema sob bases objetivas.

Nesse sentido, Marcelo Neves (2006, p. 170) também considera que o princípio da igualdade ultrapassa a "integração igualitária no sistema". Defende que, "do ponto de vista sistêmico, a questão refere-se à neutralização de desigualdades fáticas na consideração jurídico-política de pessoas e grupos" (NEVES, 2006, p. 170). O princípio da igualdade, portanto, quando observado na perspectiva sistêmica, "envolve a neutralização das desigualdades presentes no ambiente" (NEVES, 2006, p. 171). Justamente por isso, Neves (2006, p. 172-174) sustentará que a igualdade como norma pode ser compatível com discriminações positivas (*affirmative action*), constituindo-se o "núcleo da cidadania" (NEVES, 2006, p. 175).

> Por um lado, a cidadania pode ser interpretada como mecanismo político-jurídico de 'inclusão de toda população nas prestações de cada um dos sistemas funcionais da sociedade. Nesse sentido, os direitos humanos que lhe constituem o conteúdo serviriam para deixar o futuro aberto à reprodução autopoiética do respectivo sistema social ao qual se relacionam. Por outro, pode ser compreendida enquanto instituição da conexão entre 'autonomia privada e autonomia pública', ou seja, como 'direitos humanos' e 'soberania do povo', pressupondo-se reciprocamente uma relação de tensão permanente. (...) Na perspectiva interna e sistêmica, a cidadania afirma-se enquanto há a inclusão jurídico-política generalizada, sem privilégios ou classificações negativamente discriminantes, nos diversos sistemas sociais. (...) De outro ângulo, a cidadania é construída a partir da esfera pública pluralista, tanto como exigência decorrente da semântica social dos direitos humanos, que, em princípio, não está vinculada a qualquer subsistema da sociedade, quanto nas diversas formas de luta pela concretização dos direitos fundamentais. (...) Assim sendo, de um lado, a pluralidade que constitui a cidadania relaciona-se com a diferenciação sistêmico-funcional da sociedade; de outro, com a heterogeneidade de expectativas, valores e interesses que circulam por diversas formas discursivas da esfera pública e exigem tratamento equânime nos procedimentos constitucionais. (NEVES, 2006, p. 175)

Embora o tratamento conferido à igualdade jurídica em Marcelo Neves esteja, externamente, relacionado à cidadania no sistema político, sua internalização jurídica pressupõe a fórmula da "inclusão generalizada" e, não apenas, uma fórmula de consistência.

Para além das exigências de igualdade jurídica frente à política, que acompanhamos sob o crivo da cidadania, a igualdade foi experimentada e selecionada em face de outros âmbitos sociais. Não necessariamente associada, externamente, às prestações do Estado social, as dimensões funcional e transubjetiva permitem projetar a forma da igualdade para outras espécies de assimetria social, o que já é possível observar sob o signo da "horizontalidade" (TEUBNER, 2012, p. 82). Neste âmbito, as dificuldades de observação decorrem do fato de tais logros evolutivos terem sido lidos por boa parte das teorias normativas como uma evolução dimensional de uma unidade onto-teleológica da Constituição (CARNEIRO, 2018a). Abandona-se uma visão temporal-cronológica linear orientada ao "progresso"[11] que falava em "gerações de direitos" e se assume uma perspectiva "hermenêutica" que traduz a variação objetiva das esferas de isonomia em acúmulo de "dimensões de direitos". Em verdade, tal leitura desloca, antecipadamente, o problema para a dimensão social do consenso institucional e sobrecarrega dependência metodológica, pois a "unidade dimensional" precisa ser racionalmente construída.

As chamadas "gerações" ou "dimensões" de direitos fundamentais são, todavia, melhor observadas sob a perspectiva da variação objetiva de sentido. O direito passa a refletir, internamente, a diferenciação funcional que observa em seu ambiente e, por essa razão, se estrutura de modo a refletir (reflexão) não apenas o ambiente individual, típico de sua perspectiva liberal, mas também agrupamentos de sujeitos que precisam ser tratados de modo desigual, âmbitos desorganizados de sistemas funcionais, ecossistemas, animais e entes da natureza (CARNEIRO, 2020a). Ao invés de dimensões ou gerações, a dinâmica evolutiva e circular do direito responde ao seu ambiente mediante a formação de "esferas de fundamentalidade" (CARNEIRO, 2018a, p. 152) e não em uma unidade dimensional onto-teleológicas. A observação dessas "esferas de fundamentalidade" revela que a unidade se dá, como já dizia Luhmann, por uma rede de operações recursivas ou, como afirma Vesting (2011) como uma unidade simbólica de "constituições parciais".

Em contrapartida, reconhecer a fragmentação permite uma melhor observação da estruturação interna das expectativas

---

[11] Não confundir com o modelo evolutivo proposto por Luhmann e a concepção de historicidade que está nele pressuposta, conforme alerta Vladimir Luz (2017, p. 199).

normativas, a possibilidade de "diálogos" transversais no âmbito dos acoplamentos estruturais (NEVES, 2009), o empréstimo de racionalidades e, no que toca aos nossos objetivos neste texto, o controle da especificidade isonômica das esferas. Cada esfera opera um determinado conteúdo da forma igual/desigual que pode, por conseguinte, se desdobrar em efeitos prático-normativos. De modo semelhante ao que propõe Michael Walzer (1983), a justiça como "igualdade" é complexa, obedece a diferentes formas, sendo que o mais relevante, à semelhança de Marcelo Neves (2007, 2018), é que uma determinada lógica isonômica não invada e corrompa as demais. A igualdade utilitária da economia, que permite tratamentos desiguais na proporção em que cada empregado contribui para os lucros de uma empresa, não pode operar na esfera familiar, onde não é o lucro que decidirá aquele que terá o direito-dever de guarda dos filhos. Para sociedades convencionais, o reconhecimento da desigualdade. Para as empresas, a igualdade formal de uma concorrência leal. Para grupos e indivíduos vulneráveis, a discriminação positiva. O direito não precisa abrir mão dessas diferentes formas de igualdade/desigualdade, sendo sempre possível convertê-las na forma regra/exceção. Não se trata de teleologias, tampouco de colonização do mundo da vida ou de desdiferenciação decorrente de tentativas de assumir a centralidade da sociedade complexa. Trata-se, apenas, de cumprir a função que justifica observarmos o direito da sociedade ao invés de, simplesmente, o nada.

O "princípio da igualdade" possui, portanto, uma relação direta com a função do direito e, de modo sacralizado e latente, confere sentido e força a esse sistema em face de seu ambiente. Não faz "sentido" um direito não isonômico, do mesmo modo que não faz sentido um direito inconsistente. Não faz "sentido" um direito que julga de modo diferente casos iguais, do mesmo modo que não faz "sentido" um direito que desiguala iguais já desigualados (pela política) ou que não protege as diferentes fórmulas de desigualdade presentes em diferentes esferas. Ocorrendo tais hipóteses, as expectativas jamais serão congruentes e a função, que opera de modo latente, poderá ser convocada e convertida mediante o "truque lógico" na forma regra/exceção. A observação da função do direito em operações não apenas temporalizadas reduz a complexidade e orienta as seleções de expectativas em face do problema da dupla contingência. Assim, do mesmo modo que podemos observar a unidade funcional do direito a partir da diferença segurança/consistência, a internalização do princípio da igualdade e suas aquisições evolutivas representam uma segunda possibilidade, que é viabilizada a partir da diferença autonomia(externa)/isonomia complexa(interna).

5.3 A integridade do direito e a sustentabilidade do ambiente

Com as modificações na semântica da igualdade, estruturas ligadas a programas condicionais isonômicos e a meios de comunicação simbolicamente generalizados presentes em inúmeras Constituições do século XX possibilitaram uma variação na dimensão objetiva do dentro/fora dos direitos individuais/sociais, ligados à inclusão generalizada frente às prestações do Estado social; da proteção vertical/horizontal, que passava a abarcar âmbitos desorganizados de sistemas funcionais da sociedade mundial (horizontalização dos direitos fundamentais); do universal/nacional, que produzia um diálogo entre ordens transnacionais e, dentre outras possibilidades, dos incluídos/excluídos frente à discriminação positiva voltada para a compensação histórica e estrutural das desigualdades. Todavia, a definição dessas fronteiras (critérios de desigualdade) provoca inevitáveis colisões entre os princípios que orientam, recursivamente, a formulação e a intepretação da regra/exceção que prevalecerá no fechamento operativo do sistema. Um sistema que se auto-observa como uma unidade onto-teleológica precisará resolver tais colisões mediante "implosivos" de concordância prática que, uma vez incapazes de garantir a consistência, permitirão que diferentes pressupostos consensuais da variação social do sentido do direito ocupem a mesma temporalidade. Em outras palavras, diferentes "consensos pressupostos" são combinados a diferentes "divisões objetivas" disputando um mesmo "tempo", o que significa uma perda de sustentação (*stall*) funcional do direito potencializada ao cubo.

Nesse contexto disfuncional, onde o sistema jurídico "entra em parafuso", serão frequentes os diagnósticos de juridicização da política ou de politização do direito (OLIVEIRA JÚNIOR, 1996; CUNHA JÚNIOR, 2016); pretensões ou críticas ao ativismo (STRECK, 2013); uso simbólico-diabólico da Constituição (NEVES, 2011; CARNEIRO, 2015) ou, até mesmo, a instrumentalização do direito (NEVES, 2011). Todavia, uma observação ecológica que separe o discurso de fundamentação presente nas decisões judiciais – que dizem assumir o compromisso com o "social" (qual?) – das funções diabólicas latentes tanto no "compromisso irresponsável" quanto no ceticismo cínico e descompromissado, será capaz de explorar possibilidades do sistema, inclusive quanto ao âmbito social de variação de sentido (consenso/dissenso).

Se o símbolo institucional de um direito que opera controlando a variação de sentido em bases temporais não se mostrou capaz de estabilizar, mediante seleções estatais de programas normativos, as variações objetivas e sociais de seu sentido, a resposta para as possibilidades seletivas internas começa pelo modo como a própria variação se dá. Enquanto teorias onto-teológicas imaginam (desejam) que a variação social de sentido está sendo selecionada e estabilizada no nível dos princípios pragmáticos, não é novidade para a teoria sociológica que tais princípios cumprem, na verdade, uma função de abertura (LUHMANN, 1965). O recurso a *standards* de racionalidade como mecanismo de solução dos problemas que essa suposta orientação onto-teológica provoca, além de tentar resolver o problema errado (colisão entre critérios que fecham e não entre expectativas que abrem), não entrega a "concordância prática" que promete, o que impede que tomemos o modo como esses modelos se auto-observam como uma solução. Mas, em meio à cegueira quanto a uma "constituição viva" (SCHWARTZ, 2018) e às seleções que estabilizam apenas o processo onde se dão, é possível observar que, paradoxalmente, esse padrão seletivo *ad hoc* tem servido a um propósito referido à unidade da comunicação. Quando essas colisões são julgadas em nome de *standards* como o da proporcionalidade em sentido estrito, necessidade, adequação, princípio da concordância prática, máxima efetividade constitucional, dentre outros, a re-estabilização se dá, em verdade, em nome da sustentabilidade do ambiente.

> O princípio da justiça, sobre o qual se encontram tais normas constitucionais descentralizadamente geradas, deveria ser uma espécie de princípio de sustentabilidade, que originalmente foi desenvolvido como uma limitação do crescimento econômico para a proteção do ambiente natural, tendo em vista as condições futuras de vida. O desafio atual é, no entanto, que o princípio da sustentabilidade deva ser generalizado de duas maneiras. Sustentabilidade não pode mais se limitar à relação da economia com a natureza, ou seja, à relação apenas de um sistema social com

um de seus ambientes. O princípio da sustentabilidade deve ser repensado para além da economia, levando-se em conta todos os regimes funcionais. Ao mesmo tempo, deve incorporar, para além de apenas o ambiente natural, todos os ambientes relevantes dos regimes. Ambiente deve ser pensado aqui no sentido mais amplo possível, como ambiente natural, social e humano dos regimes transnacionais (TEUBNER, 2016, p. 292).

A sustentabilidade seria, nesse sentido, a única forma possível de racionalidade intersistêmica, equidistante a concorrentes como a *rational choice*, a razão discursiva (TEUBNER, 2016, p. 293). No direito, os candidatos à internalização das expectativas de sustentabilidade presentes no ambiente como limite dos limites são muitos. O primeiro e mais óbvio seria o próprio princípio da sustentabilidade ambiental, que serve para que entidades que representam os (ou a defesa dos) animais e entes naturais possam levar ao direito pleitos de sustentabilidade de ecossistemas. Todavia, não devemos confundir o código da comunicação ecológica (sustentável/não-sustentável) com o código jurídico (conforme/não-conforme ao direito). O princípio da sustentabilidade ambiental é um meio de comunicação simbolicamente generalizado que tem por função estruturar demandas de proteção ambiental em face, preponderantemente, de operações do sistema econômico. Como bem explica Rafael Simioni (2006, p. 72-73), o direito não será capaz de articular uma comunicação jus-econômica-ecológica e garantir, em diferentes contextos, um "lucro-sustentável-lícito". A sustentabilidade ambiental, seja das diferentes formas de vida, seja da comunicação social, depende que o direito reproduza, internamente, limites de fundamentalidade, nada impedindo que uma crítica ecológica permaneça observando os impactos que esses limites provocam para a sustentabilidade/não-sustentabilidade do meio ambiente e, até mesmo, do lucro/não-lucro das organizações econômicas.

Assim, o lado interno da sustentabilidade se mostra visível no âmbito dos direitos fundamentais. Sobre ele, observações de segunda ordem falam, por exemplo, em "mínimo existencial"[12] dos indivíduos em face de prestações de um Estado, por sua vez, "reservado ao possível" orçamentário (ARANGO; LEMAITRE,

---

[12] Ver Arguição de Descumprimento de Preceito Fundamental – ADPF 45 MC/DF de 29 de abril de 2004, de relatoria do Ministro Celso de Mello.

2002, TORRES, 1999, SOARES, 2016, PIEROTH; SCHLINK, 2012, p. 174, RENSMANN, 2007, p. 300, BAHIA; SILVA, 2016). Ainda em relação aos direitos fundamentais, algumas teorias pressupõem que os direitos fundamentais abrangem, tão somente, os seus limites internos, não admitindo relativizações (HÄBERLE, 2003, p. 52-56, MÜLLER, 2007), em contraposição àquelas que concebem direitos fundamentais dispostos, em termos abstratos, relativamente a outros direitos dessa mesma natureza, admitindo que sejam flexibilizados (ponderados) frente a questões externas à sua semântica (ALEXY, 2008). As divergências entre as teorias "internas" e "externas" estariam diretamente relacionadas às características que cada teoria atribui ao "suporte fático" presente nos direitos fundamentais, podendo ser este restrito ou amplo (SILVA, 2017, p. 34)[13]. De uma forma ou de outra, como núcleo semântico original ou, diante do caso concreto, após solucionadas (implodidas!) as colisões, o debate dos direitos fundamentais traz a questão dos limites que o sistema jurídico deve considerar tanto para as possibilidades de programação introduzidas pelo sistema político quanto para o exercício da liberdade entre privados mediante sua eficácia horizontal.

O problema dos limites de fundamentalidade e de sua relação com a sustentabilidade das formas de vida e comunicação presentes no ambiente também se faz presente nos debates que giram em torno das questões metodológicas que envolvem a aplicação de regras e princípios. Se considerarmos dois dos principais autores recepcionados no Brasil – e que representam, igualmente, os dois principais modelos de estruturação reflexiva do direito da sociedade mundial (*Civil Law* e *Common Law*) –, Alexy e Dworkin também deixam, cada um a seu modo, essa questão evidente. Alexy, embora adira ao que poderia ser considerado uma teoria externa dos direitos fundamentais, reserva às garantias constitucionais estabelecidas sob a forma da regra uma "primazia em relação a determinações alternativas com base em princípios" (ALEXY, 2008, p. 140). Já em Dworkin, enquanto "os argumentos de política tentam demonstrar que a comunidade estaria melhor, como um todo, se um programa particular fosse seguido", vinculando-os aos objetivos traçados no sistema, os "argumentos de princípio afirmam, pelo contrário, que

---

[13] Um inventário dessas concepções teóricas e, inclusive, uma defesa do "máximo existencial" pode ser encontrado em Miguel Calmon Dantas (2019).

programas particulares devem ser levados a cabo ou abandonados por causa de seu impacto sobre pessoas específicas, mesmo que a comunidade como um todo fique consequentemente pior" (DWORKIN, 2005, p. IX).

Essa diferença acompanha inúmeras meta-leituras presentes na doutrina estrangeira sobre o problema da ponderação como *balance* e como proporcionalidade, especialmente em autores como Dworkin e Alexy (HUSCROFT, MILLER, WEBBER, 2014)[14]. No Brasil, todavia, ambos tendem a ser confundidos a partir de uma antiga consideração de Dworkin quanto à diferenciação lógico-estrutural entre regras e princípios. O *balance* de Dworkin diz respeito à correta ancoragem da intepretação das regras em princípios de moralidade política, o que permite ao intérprete fugir do aguilhão semântico das teorias positivistas (DWORKIN, 2007, p. 55). Ou seja, pondera-se para variar o princípio que orienta a interpretação da regra e, assim, garantir a integridade da interpretação, sem com isso negar o princípio afastado. Essa "lógica" só se mantém sustentável para a política porque Dworkin não concebe *policies* (políticas públicas) como uma "questão de princípio" (DWORKIN, 2010), o que possibilita tanto o espaço para as ações estratégicas no âmbito da política quanto a proteção categórica de direitos fundamentais (DWORKIN, 2011, p. 329). Em certo sentido, no plano da orientação hermenêutica e dos direitos fundamentais, princípios em Dworkin também são *all or nothing*. Já em Alexy, princípios como mandamentos de otimização demandam uma metodologia analítico-procedimental para controlar a proporcionalidade das normas de decisão. Os meios de intervenção na esfera de liberdade dos destinatários precisam ser adequados, proporcionais (em sentido estrito) e necessários à consecução de terminados fins. Os princípios operam, dentro da proporcionalidade em sentido estrito, como um "banco utilitário de bens" no qual o saldo gerado pela intervenção deverá ser positivo. Assim, considerando o conjunto dos aspectos estruturais e metodológicos, ambos consideram em suas teorias espaços para limites aos programas condicionais introduzidos pelo sistema político. Em Dworkin, essa proteção se dá como uma questão de integridade

---

[14] *"There is a qualitative difference between the balancing approach and the proportionality test, one of which leads systematically to rational stalemate and the second of which leads systematically away from it, although both of them sometimes end at the same spot."* (LUTERAN, 2014, p. 38-41)

baseada em princípios. Em Alexy, tais limites dependem das regras constitucionais. De todo modo, o problema dos limites internos está presente.

Para além dos impactos já comentados nas teorias e na reflexividade dogmática de suas operações, há outros sinais notórios das operações que controlam o âmbito social das variações de sentido. O mais relevante deles seria a existência de uma diferenciação interna no sistema jurídico (GUERRA FILHO, 2014, p. 15), mais perceptível no nível organizacional de sistemas que separam Tribunais Constitucionais e Cortes Supremas. A jurisdição constitucional abstrata ou, até mesmo, concreta – quando concentrada e incidental – mostra uma função diferente daquela que produz o fechamento operacional do sistema jurídico. A jurisdição constitucional, nesses limites, controla limites de fundamentalidade, sem a pretensão de estabelecer uma regra de solução do conflito entre partes específicas. Nessas decisões, de caráter vinculante e determinantes para a generalização de expectativas congruentes, a exposição desses limites fica mais evidente, embora careçam de observações de segunda ordem que observem as estruturas seletivas.

Nesse sentido, os modelos teóricos que refletem e ofertam racionalidade ao direito, a exemplo do balance de Dworkin e a ponderação de Alexy (neste caso, mediante função da regra constitucional), bem como teorias dos direitos fundamentais, já sinalizam a internalização da prestação de sustentabilidade do ambiente. Mesmo quando ignoram a necessária aceleração dos níveis autopoiéticos do sistema, dão margem à corrupção do código e produzem efeitos latentes que mascaram os reais vetores de equilíbrio osmótico do sistema jurídico, são decisões que, simbolicamente, se localizam na proteção categórica de extremos, proporcionando sustentabilidade às diversas formas de vida e comunicação presentes no seu entorno. O modo como a comunicação jurídica reproduz internamente essa função não significa uma simples consistência, a partir da qual casos iguais devem ser julgados da mesma forma; também não pode ser reduzida ao respeito da isonomia complexa, a partir da qual se exige que, em uma mesma esfera de fundamentalidade, iguais devem ser igualmente desigualados. Nas operações que controlam a contingência relacionada à dimensão social da variação de sentido, o respeito aos limites é reproduzido pela relação circular entre princípio e regra. Nesse sentido, tanto a similitude dos casos (consistência) quanto à igualdade das pessoas (isonomia complexa), pode ter suas fronteiras questionadas pelo vínculo recursivo entre o princípio e a regra. Nas trilhas da ética categórica kantiana e no horizonte da teoria do direito, essa relação entre regra e princípio que demarca limites não consequencialistas é denominada por Dworkin de integridade. Assim, não obstante às diferenças paradigmáticas e a necessidade de ajustes na equivalência, parece-nos mais adequado considerar o lado interno da sustentabilidade como integridade, o nosso terceiro princípio funcional.

Nesse sentido, uma análise ecológica do modo como o direito produz a generalização de expectativas congruentes em bases sociais de variação de sentido pode ser observada pela diferença sustentabilidade/integridade e, desse modo, contribuir criticamente para a relação sustentável entre sistema jurídico e suas diferentes formas de vida e comunicação presentes no ambiente.

PRINCÍPIOS FUNCIONAIS DO DIREITO		
VARIAÇÃO DO SENDIDO	**PRESTAÇÃO EXTERNA**	**FUNÇÃO INTERNA**
Temporal (antes/depois)	Segurança	Consistência
Objetiva (dentro/fora)	Diferenciação ou autonomia	Isonomia Complexa
Social (consenso/dissenso)	Sustentabilidade	Integridade

Portanto, ao invés de buscarmos no sistema científico um programa racional capaz de domesticar a comunicação do poder que se reproduz no sistema jurídico, ignorando que o êxito dependeria de hipóteses improváveis – e não necessariamente desejáveis até mesmo por aqueles que buscam esse controle –, o mais adequado em um horizonte social complexo é buscar o padrão de racionalidade que o próprio direito experimenta – ainda que carregado de efeitos latentes e diabólicos – nas suas estratégias evolutivas para manter a diferenciação social. A ciência não controlará a operação do sistema jurídico. Para tanto, além da desdiferenciação de um sistema secular, teria de ser capaz de ofertar programas capazes de fazer com que a "verdade" transitasse em julgado. Aceitar a facticidade da diferenciação funcional entre ciência e direito é o primeiro passo para que a ciência deixe de fazer o "trabalho sujo" do encobrimento, consolide sua interpenetração com o sistema jurídico (MIGUEL, 2016) e possa, de fato, estruturar de modo funcional suas observações críticas.

No entanto, no que toca à sustentabilidade/integridade, o grande desafio é estimular o sistema a desenvolver estruturas que selecionem de modo mais claro os limites produzidos pelo refluxo hipercíclico de sua reflexividade, pois os princípios que cumprem a função de meios de comunicação simbolicamente generalizados continuarão servindo à heterorreferência e à variação. É necessário que a seleção seja evidenciada no lado interno dos princípios, que memoriza limites de fundamentalidade, semânticas de identidade/autonomia da normatividade constitucional (NEVES, 2006, p. 100) e, com isso, reduza a improbabilidade na comunicação das expectativas quanto aos limites internos do direito.

6. Por uma nova tipologia principiológica

Diante do que foi dito, creio que poderíamos retornar à análise de partida e, a partir dela, propor uma reconstrução tipológica (como tal, sempre aproximativa) dos princípios jurídicos. Embora abordagem possa facilitar a compreensão da revisão sistêmica e, ao mesmo tempo, aproximá-la dos usos dogmáticos correntes.

Nesse sentido, os princípios gerais do direito, enquanto produtos de uma reflexão jusracionalista e externa ao direito positivo teria o seu lugar ocupado pelos três princípios funcionais acima retratados. Os sistemas externos só existem na consciência daqueles que efetuaram tais cálculos lógicos, não possuindo nenhuma dimensão histórica, tampouco empírica. Eles foram negados pela evolução da lógica, que, por um lado, se aproxima da matemática, e, por outro, distancia-se das bases metafisicas descritas por Aristóteles como identidade, diferença e terceiro excluído. Ademais, mostraram-se incapazes de se fazer valer frente à organicidade do sistema, bem como interferir nos impactos do direito junto ao seu ambiente. Ao contrário do que pressupõe a estrutura lógica e clássica que constitui esse tipo sistema, o terceiro, ali excluído, torna-se fundamental para responder à complexidade presente no ambiente do direito. As terceiras possibilidades são fruto de diferenciações e novas possibilidades de observação, embora tenda a ser "maltratado" quando reduzido às "teorias mistas" sustentadas por uma dogmática que trai os seus próprios pressupostos lógicos. As diversas teorias mistas não estão erradas quanto ao diagnóstico da complexidade dos fenômenos que tenta descrever, muito pelo contrário. Erram ao insistir em conceitos que pretendem ser "diferenças em uma unidade" e não uma "unidade da diferença". Se podemos falar em lógica, seja por razões ligadas à impossibilidade da metafísica, seja pela ausência de unidade onto-teleológica do direito, precisamos falar em uma lógica da diferença (BROWN, 1969). Conceitos são, portanto, unidades que não representam uma descrição necessária e suficiente da essência (ser) de um ente, mas unidades de diferenças. Algo só "é" algo porque se diferencia em relação ao que ele "não é". Essa lógica da diferença é compatível tanto com a compreensão que ocorre, fenomenologicamente, nas consciências dos indivíduos (HEIDEGGER, 2004) quanto com a comunicação que constitui a sociedade (LUHMANN, 2006).

Os princípios funcionais do direito, que refletem, internamente, a diferença do direito em relação às formas de vida e comunicação presentes no ambiente são descrições mais adequadas de princípios gerais do direito. O direito mesmo possui, em termos operacionais, apenas os princípios da consistência, igualdade complexa e integridade. Refletem, na diferença, respectivamente, expectativas de segurança, manutenção de autonomia e sustentabilidade das formas de vida e comunicação dispostos no ambiente do sistema. Apenas os princípios funcionais podem ser submetidos ao "truque lógico" (LUHMANN, 2005, 168) que converte um pressuposto latente e sacralizado na operação do sistema em uma forma regra/exceção e, com isso, reduzir complexidades e condicionar determinadas decisões em detrimento de outras possibilidades. Ou seja, enquanto princípios propriamente ditos, somente esses três princípios "do" direito contribuem para o fechamento o sistema. Eles podem substituir tanto as pretensões da "velha lógica" que estruturava sistemas externos quanto as pretensões de ancoragem do sistema em princípios de moralidade política, embora possam, dentro de limites fornecidos pelo próprio sistema, condicionar a interpretação. Como veremos, não são princípios "no" direito, nem princípios "para" o direito. São princípios "do" próprio direito.

Os princípios jurídico-epistemológicos, por sua vez, possuem uma outra dinâmica operacional. Não são pressupostos de uma operação na qual permanecem sacralizados no ponto cego da auto-observação, mas podem, quando necessários, produzir alertas quanto à trivialidade da reprodução jurídica e convocar a atuação de princípios funcionais. Os princípios jurídico epistemológicos espelham a orientação de políticas contingentes já presentes na programação do sistema e se dirigem, preponderantemente, para a organização didática da dogmática, reduzindo a complexidade do ensino do direito. Não serão capazes de se converter em regra através do já referido "truque lógico" sem que sua atuação já não esteja sustentada em princípios funcionais. Em verdade, o "truque" ocorre quando um conjunto de regras sugerem esses princípios, não à toa terem nascido associados a um modelo indutivo e, na prática, assim permanecerem. Portanto, princípios como o do contraditório, por exemplo, poderão servir como "elemento organizador do estudo lógico-sistemático de uma disciplina jurídica especializada" (OLIVEIRA, 2007, 36), sendo útil nas aulas de teoria geral do processo, mas não serão capazes de se converter em uma regra que estabeleça quando um juiz deve ou não dar vistas de um documento a uma determinada parte. Na verdade, quando um magistrado se vê compelido a dar vistas de um documento a uma parte não o faz pelo "princípio" do contraditório, mas pela regra do contraditório! Ou, talvez, pela necessidade de julgar um caso igual a outros onde a regra é a do contraditório, o que revela uma imposição do princípio funcional da consistência. A regra do contraditório integra, sim, um núcleo de proteção categórica de um direito fundamental à ampla defesa. A ampla defesa é, em verdade, o princípio pragmático que exige o respeito, em determinadas situações, à regra do contraditório. Esse seria um exemplo ao qual Dworkin ou nós mesmos poderíamos recorrer para falar de interpretação íntegra de uma regra que, não obstante às possibilidades semânticas, precisaria estar orientada por um princípio. No inquérito policial, por exemplo, o princípio já será outro. E, se antes havíamos indicado uma relação dos princípios "jurídico-epistemológicos" com os princípios funcionais, aqui encontramos, justamente, sua relação com os "princípios pragmático-problemáticos".

Os princípios pragmático-problemáticos estariam, conforme nos mostrou Rafael Oliveira, diretamente relacionados a sistemas materialmente abertos. Todavia, na perspectiva de sistema que assumimos, esses princípios não estariam presentes "em" sistemas abertos, mas em um sistema aberto/fechado, cumprindo, primeiramente, uma "função de abertura". Eles são decisivos, como vimos com Marcelo Neves, para estruturar as expectativas normativas de um ambiente complexo e plural. Formas de vida e de comunicação levam ao sistema suas demandas expansivas e expectativas protetivas em face de outras formas de vida e comunicação que, em razão de suas estruturas, possuem diferentes lógicas de orientação social. Assim, as estruturas que, em tese, deontologizariam valores consensuais e orientariam teleologicamente o sistema são rapidamente experimentados em normas que estruturam as mais diferentes expectativas normativas. Todavia, a relação que a generalização de expectativas possui com a variação social do sentido (consenso/dissenso) exige que o direito estabeleça quais os limites dos limites que o sistema estabelece contra a sua própria programação condicional, fato observável na experimentação de estruturas voltadas para a seleção desses limites.

Assim, retomando o exemplo que acabamos de utilizar, a ampla defesa estará disposta como um princípio capaz de estruturar as mais variadas expectativas de abertura dialógica nos mais diferentes processos existentes no direito. Toda e qualquer demanda pela participação ativa na construção de decisões poderá ser estruturada como um "direito à ampla defesa", mas, a construção de limites e diferenças que demarcam essa proteção – que fazem com que determinadas regras se imponham em determinados casos – não decorrem de um pacto histórico celebrado por uma comunidade política hipotética, mas por uma construção do próprio sistema jurídico que precisa responder funcionalmente ao seu ambiente. Se a tese de Dworkin possuísse respaldo empírico, seria improvável que as comunidades políticas que formaram Estados nacionais produzissem direitos com o grau de semelhança que produziram, dotados dos mesmos princípios e explicáveis por uma mesma teoria. Essa coincidência é muito mais que fortuita, pois decorre, na verdade, da condição mundial da sociedade moderna e da consequente mundialização de seu direito.

Os modelos normativos de sociedades não modernas presentes no mesmo espaço-tempo-cronológico da sociedade moderna não conseguem – nem devem! – ser explicados com o auxílio da observação de segunda ordem das estruturas auto-constituídas pelo direito dessa sociedade mundial moderna. Dworkin, portanto, não estaria errado por exigir uma relação de integridade entre princípio e regra, mas por conceber o princípio como uma questão de moralidade política de uma comunidade histórica e territorialmente situada, o que acaba por tornar nebulosa a relação com os princípios constitucionais (internos) e problemática a dinâmica evolutiva impulsionada pela heterorreferência. Assim, no lugar de um princípio deontológico de moralidade comunitária, conexões transnacionais e seleções deônticas produzidas pelo próprio sistema sob o olhar crítico e interpenetrado da observação científica pautada nos princípios funcionais de um único sistema jurídico da sociedade mundial. É nesse sentido que *due process of law*, especialmente na versão inglesa (CARNEIRO, 2018), se comunica com a nossa ampla defesa, produz uma série de enlaces hipercíclicos e, em uma estrutura hierárquica entrelaçada, acaba exigindo a aplicação da regra do contraditório. Em movimento semelhante, a dignidade humana cultivada na Constituição de Bonn produz, na Constituição brasileira de 1988, enlaces específicos e se desdobra em garantias fundamentais, como a da proibição da tortura e tratamento humano degradante.

Essa relação de pertencimento entre sociedade mundial e seu direito ajuda a compreender melhor o momento constituinte dos princípios constitucionais. Uma observação sistêmica do direito não acreditará em "fadas ou gnomos", o que significaria dizer que a semântica, enquanto "sentido de um texto constitucional", não será capaz de estabelecer os limites normativos de uma Constituição, tampouco crê que métodos científicos são capazes de controlar as obscuridades e as colisões dessa semântica. Todavia, uma sociologia sistêmica das constituições, a se perguntar sobre o "como ser possível uma ordem social constitucionalizada" não ignora que a organização constituinte jamais se estabelece em um "grau zero" comunicacional. A positivação da Constituição, ao se valer de diferentes tecnologias da ordem social, já está previamente determinada por, pelo menos, dois vetores semânticos decisivos para o "início" (que é continuidade) da circularidade entre regras e princípios. O primeiro vetor está relacionado ao fato de que a Constituição representa um ato quase-revolucionário, que canaliza uma crise de dupla face que desconstitui uma ordem normativa e, com sinal trocado, constitui outra (TEUBNER, 2016). Quando isso ocorre, a pragmática do novo sistema rapidamente converte essa "identidade constitucional" de sua normatividade, para usar a expressão de Marcelo Neves (2006, p. 100), em limites condicionais do sistema. Esse fenômeno fica mais evidente quando a própria Constituição produz esse primeiro estágio reflexivo mediante regras, sejam elas pétreas ou não. Um segundo vetor de pressurização semântica está diretamente ligado ao fato de que a "Constituição" é uma operação interna do sistema jurídico da sociedade mundial e, em sendo assim, já nasce transnacionalmente conectada[15]. Por outro lado, esses dois vetores de pressurização semântica (a crise revolucionária e a ordem jurídica transnacional) não são, por si só, nem determinantes, nem suficientes. Não são determinantes porque não é incompatível com opções constituintes particulares que marcam a autonomia/identidade normativa (NEVES,2006, p. 100) de Constituições nacionais. Não são suficientes porque as estruturas permanecerão abertas a mutações e impactos de novos momentos constituintes, ainda que informais, do mesmo modo que não elimina a possibilidade de que o novo texto constitucional seja explorado a partir do lado diabólico do símbolo e, consequentemente, passe a produzir efeitos dilatórios quanto a seus impactos ambientais (NEVES, 2017, 2011).

Nesse sentido, uma teoria constitucional sociológica não elimina abordagens de consequências normativas associadas a "sentidos constituintes", mas exige que percamos a inocência tanto em relação à real presença de forças revolucionárias capazes de fornecer energia suficiente para a combustão interna desses enlaces reflexivos, quanto à impossibilidade de momentos tipicamente constituintes encontrarem caminhos de variação/seleção/re-estabilização de novas "identidades" constitucionais. Essa "inocência" é um dos grandes problemas que atribuímos às teorias constitucionais normativo-dirigentes pós-1988 que, por um lado, sobrevaloriza(va) a força quase-revolucionária de 1988 – ignorando o que representava tanto a Lei de Anistia quanto a presença de Senadores Biônicos na Assembleia Constituinte – e que, por outro, promove(u) uma aposta kamikaze na semântica dos textos e no controle metodológico *ad hoc*, deixando em seu ponto cego o uso diabólico do símbolo e o controle de mutações constitucionais equivalentes a uma constituição originária dos sentidos. O lado bom de tudo isso é que não há guerra perdida, e o futuro ao tempo pertence. A reconstitucionalização desses sentidos perdidos será sempre uma possibilidade.

Considerando a tipologia proposta, temos, então, que princípios funcionais podem ocupar o lugar dos "princípios gerais do direito", pois continuam baseados na relação estrutura-função do sistema

---

[15] Thiago Borges (2019), considerando o caráter mundial da sociedade, defende o direito internacional como um canal de interação dos Estados com seu ambiente e demonstra como se deu e quais os efeitos da interação do sistema de direito internacional com a Assembleia Nacional Constituinte, ocorrida no Brasil, entre 1987-88.

jurídico. Princípios jurídico-epistemológicos são generalizações que reduzem a complexidade do ensino do direito, mas não do direito mesmo, embora possam convocar princípios funcionais a atuarem sob a forma de regra/exceção e, com isso, contribuir para a consistência, igualdade complexa e integridade do sistema. Já os princípios pragmáticos operam como princípios "no" direito. Estruturam diferentes expectativas de expansão e proteção das formas de vida e comunicação presentes no meio ambiente e, com isso, formam esferas de fundamentalidade, internalizam as colisões e permitem a comunicação entre diferentes formas de racionalidade. Todavia, reagem com as semânticas presentes nos horizontes quase-revolucionário da crise constituinte e de uma ordem transnacional para, desde então, iniciar relações circulares e reflexivas com regras jurídicas. Operados sob a vigilância silenciosa dos princípios funcionais e "escandalosa" de uma ciência jurídica responsiva, o hiperciclo reflexivo do sistema selecionará os limites dos programas condicionais que entregarão ao ambiente garantias de sustentabilidade. Em um estágio onde ainda há muitos candidatos disputando vantagens funcionais, a jurisprudência dos Tribunais Constitucionais e a dogmática dos direitos fundamentais se mostram decisivas para a configuração (seleção) dos limites e re-estabilização do sistema.

Assim, parece-nos que faz sentido falar, tão somente, em "princípios funcionais", "princípios jurídico-epistemológicos" e "princípios pragmáticos". Os primeiros, todavia, seriam os únicos princípios "do" direito. Os princípios "jurídico-epistemológicos" constituem, por sua vez, reduções de complexidade do sistema científico que, dada à relevância no sistema educacional, penetra no sistema jurídico. São princípios "sobre" o direito, especialmente sobre o padrão de suas regras, o que significa dizer que eles não são capazes de controlar as "exceções". Eles podem, eventualmente, passar a integrar programas do próprio sistema, mas isso não modificará o modo como ele deverá operar. Por último, os princípios pragmáticos são princípios "no" direito. Embora integrem os programas normativos do sistema, são vocacionados para a heterorreferência e capacidade de emulação da complexidade do ambiente dentro do sistema. Todavia, o hiperciclo reflexivo decorrente das relações circulares e recursivas entre esses princípios e as regras fluem e refluem no sistema, o que permite vínculos de integridade que (em)prestam ao ambiente expectativas de sustentabilidade.

É possível, ainda, traçar um paralelo entre as funções dos princípios e a preponderante localização estrutural nas zonas reflexivas do sistema. No centro do sistema, onde ocorre o fechamento operativo a partir de decisões de Juízes e Tribunais, localiza-se o princípio funcional da consistência. Nas zonas intermediárias, onde estão localizados os programas normativos condicionais – tecnologias que, em condições normais, cumprem a função do direito como uma "máquina trivial" LUHMANN, 2005, p. 255) –, localiza-se o princípio de isonomia complexa. Aqui, o sistema se fragmenta na tentativa de refletir, internamente, a complexidade objetiva existente no ambiente. Essa mesma fragmentação é refletida na ciência dogmática do direito que identifica determinados padrões no lado interno da forma regra/exceção, razão pela qual é esse o local privilegiado da interpenetração entre ciência/educação/direito. Se o respeito à autonomia/isonomia complexa das formas de vida e comunicação presentes no ambiente não se der no momento da programação política, princípios "jurídicos-epistemológicos" cruzam para o centro e convocam uma correção funcional. Por fim, na periferia, os princípios pragmáticos recebem variadas demandas que, processadas, retornam e ganham, especialmente nas decisões de Tribunais Constitucionais, ajustes de integridade. A localização periférica tanto dos princípios pragmáticos quanto do princípio funcional da integridade reforça a tese de uma diferenciação funcional interna no sistema jurídico, com forte impacto em seu âmbito organizacional. Diferencia-se as funções judiciárias de fechamento ordinário do sistema – mediante uma ordem hierárquica de Juízes, Tribunais Superiores e Cortes Supremas – com o "fechamento" periférico pelos Tribunais Constitucionais frente a questões de sustentabilidade/integridade[16].

---

[16] No Brasil, o desenho organizacional dificulta essa percepção, uma vez que uma mesma organização (o STF) cumpre as funções de Tribunal Constitucional e de Suprema Corte, e que possuímos um controle de constitucionalidade não apenas concentrado (no Tribunal Constitucional) mas também difuso (entre Juízes e outros Tribunais). Todavia, além de tais diferenças funcionais serem consagradas na observação do sistema jurídico da sociedade mundial, diferentes tipos de procedimento e padrões decisórios reforçam essa tendência de diferenciação interna entre centro e periferia. No controle difuso, observa-se que tribunais acabam desprezando o caso concreto para tratar dos problemas

Em sendo assim, usando a expressão de Lenio Streck (2012), no contexto das aproximações hermenêutico-filosófica da teoria de Dworkin, podemos ainda dizer que os "princípios funcionais" da consistência, igualdade complexa e sustentabilidade "fecham a interpretação". Os princípios "jurídico-epistemológicos" podem contribuir para esse fechamento apenas se atuarem limitados à articulação entre regras e princípios, trazendo à tona uma questão funcional, não sendo capazes, por si só, de fecharem o sistema. Já os princípios pragmáticos abrem o sistema, de modo que a sua função redutora só ocorrerá se observados nas estruturas seletivas da reflexividade hipercíclica do sistema. Uma ligação direta entre "princípios pragmáticos" e decisão e, pior ainda, a generalização dessa prática no sistema, será fatal para autonomia da unidade operativa. Apenas justificará o arbítrio e o uso diabólico da força simbólica do direito, impedindo as prestações de segurança, garantias de autonomia e sustentabilidade do ambiente.

No esquema abaixo, é possível observar as zonas reflexivas do sistema jurídico e suas relações com o nível organizacional e os princípios funcionais.

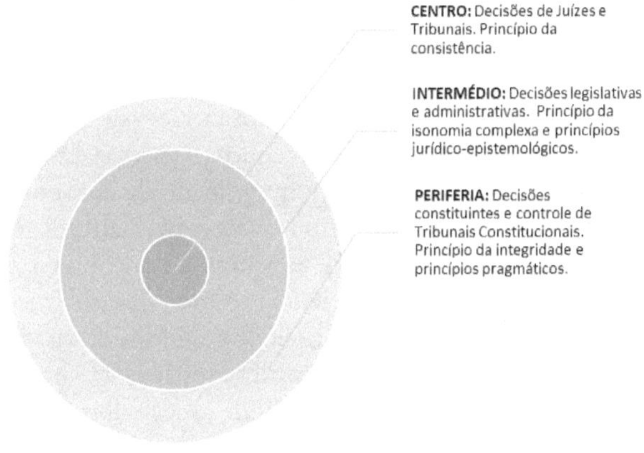

de constitucionalidade de forma "incidental" e prejudicial às decisões de "fechamento operativo", o que sempre atraiu críticas hermenêuticas (STRECK, 2012). No próprio controle difuso-concreto, quando processado no âmbito do STF em razão de Recursos Extraordinários, há muito já se observava uma tendência de "abstrativização" dos efeitos dessas decisões (DIDIER, 2006), posteriormente consagrado pela técnica da Repercussão Geral.

Conclusão

Uma avaliação crítica desse modelo descritivo com consequências normativas poderia concluir se tratar de uma proposta preciosista. Que, seja como princípio da ampla defesa ou como regra do contraditório; seja como princípio da noventena ou regra que exige um interstício de noventa dias para que um tributo possa incidir; seja como princípio da dignidade humana ou como regra da proibição da tortura, tudo permanecerá como tal e qual. De fato, em muitas situações, o resultado seria o mesmo. Todavia, em nenhuma dessas situações seria possível observar o correto ou equivocado uso desses princípios, retirando da observação científica as possibilidades de vigilância que ela precisa manter a fim de que sua crítica não passe de "uma ciência com a qual e sem a qual o mundo permanece tal e qual". Mais ainda, reforçar a normatividade condicional de estruturas que não possuem essa finalidade, ou simplesmente reduzir a análise a uma descrição realista desses equívocos, provoca dois diferentes usos da ciência jurídica. No primeiro caso, abusa-se de sua interpenetração no sistema para provocar variações corrompidas que não serão observadas em seus pontos cegos ou efeitos latentes, colapsando as seleções, inviabilizando a re-estabilização e dissolvendo o sistema em seu meio. Na segunda hipótese, mantém-se a integridade da autonomia científica, mas, abre-se mão de uma necessária abordagem responsiva. Ao apresentar esse modelo, esperamos contribuir para que as autonomias funcionais da ciência e do direito sejam respeitadas, e que a crítica aos efeitos diabólicos e latentes do sistema jurídico possam ser nele reintroduzidos, surtindo efeitos igualmente sustentáveis, uma equação que marca, também, o trabalho teórico do nosso homenageado.

As possibilidades aqui abertas decorrem da exploração e interconexão de pontos cegos de duas grandes correntes teóricas, ambas vocacionadas para lidar com a linguagem e suas implicações sociais. A fenomenologia, em suas versões tardias, abre-se à historicidade e ao modo constitutivo da linguagem. Ao observar como o indivíduo consciente é impactado pela linguagem, sinaliza para uma dimensão intersubjetiva, mas não desenvolve uma explicação sobre o social. A teoria dos sistemas, em sua versão luhmanniana, foca o "social" e desenvolve uma explicação sobre "como" uma dimensão apofântica da linguagem é capaz de produzir uma espécie de "segunda natureza". Mas, para isso, ignora (mantém pressuposto) que esse universo artificial e especializado da "comunicação dos ausentes" está em meio à linguagem; a semânticas inacessíveis e, todavia, incontornáveis. A linguagem é a terceira margem desse rio, e suas possibilidades são os horizontes das demais. "Entre as escuras/ duas margens da palavra" (NASCIMENTO; VELOSO, 1992). Duas possibilidades de acesso e de encobrimento dos sentidos. A de Hermes, o "Deus sonso e ladrão que fez das tripas a primeira lira e inventou todos os sons" (BUARQUE; BASTOS, 1999); que sabe da existência do não dito e de sua relação com a "verdade". E a de Hades, recolhido ao submundo obscuro, onde já não há indivíduos vivos; onde o horizonte se confunde com a escuridão de sua própria casa. Filhos do ser e do tempo, entre Hermes e Hades há a linguagem, o sentido e a poesia das diferenças reveladoras.

Referências

ALEXY, Robert. *Teoria dos direitos fundamentais*. Tradução de Virgílio Afonso da Silva. São Paulo: Malheiros, 2008.

ARANGO, Rodolfo; LEMAITRE, Julieta. *Jurisprudencia constitucional sobre el derecho al mínimo vital*. Estudios ocasionales CIJUS. Bogotá: Ediciones Uniandes, 2002.

ARISTÓTELES. *Ética a Nicômaco*. Trad. Edson Bini. Bauru: Edipro, 2007.

ÁVILA, Humberto. *Teoria dos Princípios*. São Paulo: Malheiros, 2013.

BAHIA, Saulo José Casali; SILVA, Diogo Barbosa. Conciliando o mínimo existencial e a reserva do possível. *Revista Brasileira de Direitos e Garantias Fundamentais*, v. 2, n. 2 (2016).

BENTHAM, Jeremy. *Colonies, Commerce, and Constitutional Law*: Rid Yourselves of Ultramaria and other writings on Spain and Spanish America. Philip Schofield / Clarendon Press, Oxford, 1995.

BERMAN, Harold J. *Law and Revolution:* The Formation of the Western Legal Tradition HARVARD UNIVERSITY PRESS Cambridge, Massachusetts and London, 1983.

BIERLING, Ernst Rudolf. *Juristische prinzipienlehre*. [S.l.]. Freiburg i B. Leipzig, Mohr, 1894.

BOBBIO, Norberto. *Da estrutura à função*: novos estudos de teoria do direito. Barueri: Manole, 2007.

BORGES, Thiago Carvalho. As relações entre o Direito Internacional e a constitucionalização nos Estados da sociedade mundial: a experiência da Assembleia Constituinte no Brasil de 1987-1988. Tese de Doutorado. Universidade Federal da Bahia. 2019.

BROWN, Spencer, *Laws of Form*. London: Allen and Unwin, 1969.

BUARQUE, Chico; BASTOS, Cristóvão. Todo o sentimento [partitura]. In CHEDIAK, Almir. Songbook Chico Buarque. 3ed. Rio de Janeiro: Lumiar Editora, 1999. (Vol II). p.191-193.

CABRERA, Julio. *Nas margens da Filosofia da Linguagem*: conflitos e aproximações entre analíticas, hermenêuticas, fenomenologias e metacríticas da linguagem, Brasília: Editora UnB, 2003.

CAMPUZANO, Alfonso de Julios. *Constitucionalismo em tempos de globalização*. Tradução José Luiz Bolzan de Morais e Valéria Ribas do Nascimento. Porto Alegre: Livraria do Advogado, 2009.

CANOTILHO, José Joaquim Gomes. *Brancosos e Interconstitucionalidade*. Coimbra: Almedina, 2012.

CARNEIRO, Wálber Araujo. Análise Ecológica do Direito e construção transubjetiva de direitos da natureza e dos animais: aspectos estruturais e metodológicos de uma epistemologia complexa. *Revista Brasileira de Direito Animal*, v. 15, p. 17-46, 2020a.

______. Democracia e Constituição: entre a nostalgia do antigo e os desafios da modernidade complexa. In José Luis Bolzan de Morais (Org.). *Estado & Constituição*: o sequestro da democracia. Florianópolis: Tirant Lo Blanch, 2020b.

______. Os direitos fundamentais da constituição e os fundamentos da constituição de direitos: reformulações paradigmáticas na sociedade complexa e global. *Revista Direito Mackenzie*, v. 12, n. 1, p. 129-165, 2018.

______. Crise e escassez no Estado Social: da constitucionalização à judicialização simbólicas. In: MORAIS, José Luis Bolzan de; COPETTI NETO, Alfredo. (org.). *Estado e Constituição*: Estado Social e poder econômico face a crise global. 1. ed. Florianópolis: Empório do Direito, 2015.

______. Hermenêutica jurídica heterorreflexiva: uma teoria dialógica do direito. Porto Alegre: Livraria do Advogado, 2011.

CRISAFULLI, Vezio. *Stato, popolo, governo*. Illusioni e delusioni costituzionali. Milão: Giufrè, 1985.

CUNHA JÚNIOR, Dirley da. A judicialização da política, a politização da justiça e o papel do juiz no estado constitucional social e democrático de direito. *Revista do Programa de Pós-Graduação em Direito da UFB*, v. 26, n. 28 (2016).

DANTAS, Miguel Calmon. *Máximo Existencial como Direito Fundamental Internacional* - Rejeitando a Tese do Mínimo Vital pelo Desenvolvimento de Referenciais mais Protetivos. Curitiba: Juruá, 2019.

DIDIER JR, Fredie. Transformações do Recurso Extraordinário. In: *Processo e Constituição, Estudos e Homenagem ao Professor José Carlos Barbosa Moreira*. Luiz Fux, Nelson Nery Júnior, Teresa Arruda Alvim Wambier (coordenadores). São Paulo: RT, 2006.

DWORKIN, Ronald. *Justice for Hedgehogs*. The Belknap Press of Harvard University Press: Cambridge, 2011.

______. *O império do direito*. Trad. Jefferson Luiz Camargo. São Paulo: Martins Fontes, 2007.

______. *Levando os direitos a sério*. Trad. de Nelson Boeira. 3. ed. São Paulo: Martins Fontes, 2010.

GUERRA FILHO, Willis Santiago. A Crise Autoimunitária da Nova Ordem Internacional. *Polietica*. São Paulo, v. 2, n. 1, pp. 7-25, 2014.

HÄBERLE, Peter. *La Garantía del Contenido Esencial de los Derechos Fundamentales*. Madri: Dykinson, 2003.

HABERMAS, Jürgen. *Facticidad y validez:* sobre el derecho y el Estado democrático de derecho em términos de teoria del discurso. Tradução Manuel Jiménez Redondo. 3. ed. Madri: Trotta, 2001.

HEIDEGGER, Martin. *Lógica*: la pregunta por la verdad. Trad. J. Alberto Ciria. Madrid: Alianza, 2004.

HUSCROFT, Grant; MILLER, Bradley W.; WEBBER, Gregoire. *Proportionality and the Rule of Law*: Rights, Justification, Reasoning. New York: Cambridge, 2014.

KELSEN, Hans. *Hauptprobleme der Staatsrechtslehre entwickelt aus der Lehre vom Rechtssatze*. Tübingen: Editora J.C.B. Mohr, 1911.

______. *Reine Rechtslehre*. Mit einem Anhang: das Problem der Gerechtigkeit. 2. ed. Wien: Editora F. Deuticke, 1960.

______. *Teoria General del Derecho y del Estado*. 5. ed. Mexico D.F.: Editora UNAM, 1995.

______. *Teoria Pura do Direito*. 6. ed. São Paulo: Editora Martins Fontes, 1998.

LOSANO, Mario G. *Sistema e estrutura no direito*: das origens a escola histórica. Trad. Carlo Alberto Dastoli. São Paulo: Martins Fontes,

2008, v. 1.

______. *Sistema e estrutura no direito*: o século XX. São Paulo: Martins Fontes, 2010, v. 2.

LUHMANN, Niklas. *La sociedad de la sociedad*. Cidade do México: Herder,. 2006.

______. *El derecho de la sociedad*. Trad. Javier Torres Nafarrate. México: Universidad Ibero-Americana, 2005.

______. A Restituição do Décimo Segundo Camelo: Do Sentido de uma Análise Sociológica do Direito. In: ARNAUD, André-Jean; JUNIOR, Dalmir Lopes (Org.). Niklas Luhmann: *Do Sistema Social à Sociologia Jurídica*. Rio de Janeiro: Ed. Lumen Juris, 2004.

______. *Teoría política en el estado de bienestar*. Madrid: Alianza Universidad, 2002.

______. *Teoría política en el estado de bienestar*. Trad. Fernando Vallespín. Madrid: Alianza, 1994.

______. *Grundrechte als Institution:* ein Beitrag zur politischen Soziologie. Berlin: Editora Duncker & Humblot, 1965.

LUTERAN, Martin. The Lost Meaning of Proportionality. In Grant Huscroft, Bradley W. Miller, and Gregoire Webber. *Proportionality and the Rule of Law*: Rights, Justification, Reasoning. New York: Cambridge, 2014.

LUZ, Vladimir de Carvalho. O processo histórico de evolução do direito na sociologia de Niklas Luhmann. *Confluências*, v. 19, p. 1-200, 2017.

MARSHALL, Thomas Humphrey. *Cidadania, classe social e status*. Rio de Janeiro: Zahar, 1967.

MIGUEL, Daniel Oitaven Pamponet. *A hermenêutica da esgrima e os direitos humanos:* as aporias vinculação/discricionariedade, contexto de descoberta/contexto de justificação das decisões judiciais e universalismo/multiculturalismo à luz da paranoia mútua entre autopoiese e desconstrução. 1. ed. Salvador: Faculdade Baiana de Direito, 2016.

MÜLLER, Friedrich. *O Novo Paradigma do Direto:* Introdução à teoria e metódica estruturante do Direito. São Paulo: Revista dos Tribunais, 2007.7

NASCIMENTO, Milton. VELOSO, Caetano. *A terceira margem do rio*. CD: Circuladô de Fulo. BMGAriola, 1992.

NEVES, Marcelo. *Constituição e direito na modernidade periférica:* uma abordagem teórica. e uma interpretação do caso brasileiro. São Paulo: Martins Fontes, 2018.

______. From transconstitutionalism to transdemocracy, *Eur Law* J. v. 23, 2017, p. 380–394.

______. *Entre Hidra e Hércules*: princípios e regras constitucionais como diferença paradoxal do sistema jurídico – São Paulo: Editora WMF Martins Fontes, 2013.

______. *A constitucionalização simbólica.* 3. ed. São Paulo: Martins Fontes, 2011.

______. *Transconstitucionalismo.* São Paulo: Martins Fontes, 2009.

______. *A constitucionalização simbólica.* 2. ed. São Paulo: Martins Fontes, 2007.

______. *Entre Têmis e Leviatã* - Uma relação difícil. São Paulo: Martins Fontes, 2006.

OLIVEIRA JÚNIOR, José Alcebíades de. Politização do Direito e juridicização da política. *Seqüência*: Estudos Jurídicos e Políticos, Florianópolis, p. 9-14, jan. 1996. ISSN 2177-7055.

OLIVEIRA, Gustavo Vieira; BOLZAN DE MORAIS, Jose Luis. A internacionalização do Direito a partir dos direitos humanos: reflexões iniciais para o futuro do constitucionalismo. *RECHTD.* Revista de Estudos Constitucionais, Hermenêutica e Teoria do Direito, v. 4, p. 175-184, 2012.

OLIVEIRA, Rafael. O conceito de princípio entre a otimização e a resposta correta: aproximações sobre o problema da fundamentação e da discricionariedade das decisões judiciais a partir da fenomenologia hermenêutica. Dissertação de Mestrado. Programa de Pós-Graduação em Direito da Universidade do Vale do Rio dos Sinos – UNISINOS. 2007.

PIEROTH, Bodo; SCHLINK, Bernhard. *Direitos fundamentais.* São Paulo: Saraiva, 2012.

REALE, Miguel. *Fundamentos do direito.* São Paulo: Revista dos Tribunais, 1940.

RENSMANN, Thilo. *Wertordnung und Verfassung:* das Grundgesetz im Kontext grenzüberschreitender Konstitutionalisierung. Mohr Siebeck, 2007.

SALDANHA, Jania Maria Lopes. Cosmopolitismo jurídico teorias e práticas de um direito emergente entre a globalização e a mundialização. Porto Alegre: Livraria do Advogado, 2017.

SCHWARTZ, Germano. *As constituições estão mortas?:* momentos constituintes e comunicações constitucionalizantes de novos movimentos sociais do século XXI. Rio de Janeiro: Lumen Juris, 2018.

SILVA, José Afonso. *Aplicabilidade das normas constitucionais programáticas*. São Paulo: Malheiros, 2003.

SILVA, Virgílio Afonso da. *Direitos Fundamentais*. O conteúdo essencial dos direitos fundamentais e a eficácia das normas constitucionais, 2ª ed., São Paulo: Malheiros, 2017.

SIMIONI, Rafael Lazzarotto, *Direito Ambiental e Sustentabilidade*, Juruá Editora, 2006.

SOARES, Ricardo Maurício Freire; BASTOS, Samantha Mendonça Lins. A proteção à dignidade da pessoa humana e as Medidas Provisórias nº 664/2014 e 665/2014: uma análise à luz da vedação ao retrocesso social. *Revista Jurídica*, [S.l.], v. 3, n. 40, p. 149 - 172, jan. 2016.

STRECK, L. L. *O que é isto – decido conforme minha consciência?* 4. ed. Porto Alegre: Livraria do Advogado, 2013.

STRECK, Lenio. *Verdade e consenso*. 4. Ed. São Paulo: Saraiva, 2012.

TEUBNER, Gunther. *Fragmentos constitucionais*: constitucionalismo social na globalização. São Paulo: Saraiva, 2016.

TONET, Fernando. *Reconfigurações do constitucionalismo*: evolução e modelos sistêmicos na pós-modernidade. 3. ed. Rio de Janeiro: Lumen Juris, 2019.

TORRES, Ricardo Lobo. A cidadania multidimensional na era dos direitos. In: *Teoria dos Direitos Fundamentais*. Rio de Janeiro: Renovar, 1999.

VESTING, Thomas. Ende der Verfassung? Zur Notwendigkeit der Neubewertung der symbolischen Dimension der Verfassung in der Postmoderne. In: Thomas Vesting e Stefan Korioth (orgs.) *Der Eigenwert des Verfassungsrechts*. Was bleibt von der Verfassung nach der Globalisierung?,Mohr Siebeck, Tübingen, 2011, pp. 71-94.

VESTING, Thomas. Vizinhança – direitos Fundamentais e sua teoria na cultura das redes. In: CAMPOS, R. (Org.). *Crítica da ponderação:* método constitucional entre a dogmática jurídica e a teoria social. São Paulo: Saraiva, 2016.

WALZER, Michael. *Spheres of justice*: a defense of Pluralism and Equality. New York: Basic Books, 1983.

WARAT, Luis Alberto. Saber crítico e senso comum teórico dos juristas. *Revista Seqüência*, Florianópolis: UFSC, n. 5, p. 48-57, 1982.

ÍNDICE REMISSIVO

www.ingramcontent.com/pod-product-compliance
Lightning Source LLC
LaVergne TN
LVHW091457170726
843492LV00001B/222